新时代青年
网络自律意识教育导论

秦继伟 ◎ 著

中国经济出版社
CHINA ECONOMIC PUBLISHING HOUSE
·北京·

图书在版编目（CIP）数据

新时代青年网络自律意识教育导论/秦继伟著. --
北京：中国经济出版社，2022.9
ISBN 978-7-5136-7079-1

Ⅰ. ①新… Ⅱ. ①秦… Ⅲ. ①计算机网络-关系-青少年-思想政治教育-研究-中国 Ⅳ. ①D432.62

中国版本图书馆 CIP 数据核字（2022）第 161745 号

责任编辑　夏军城
责任印制　马小宾
封面设计　任燕飞

出版发行	中国经济出版社
印刷者	河北宝昌佳彩印刷有限公司
经销者	各地新华书店
开　本	710mm×1000mm　1/16
印　张	11.5
字　数	170 千字
版　次	2022 年 9 月第 1 版
印　次	2022 年 9 月第 1 次
定　价	88.00 元
广告经营许可证	京西工商广字第 8179 号

中国经济出版社　网址　www.economyph.com　社址　北京市东城区安定门外大街 58 号　邮编 100011
本版图书如存在印装质量问题，请与本社销售中心联系调换（联系电话：010-57512564）

版权所有　盗版必究（举报电话：010-57512600）
国家版权局反盗版举报中心（举报电话：12390）　　　服务热线：010-57512564

前言
PREFACE

自律属于伦理学范畴，由康德首先提出，近年来开始被运用于规范人们的网络行为。自律不仅是人们在互联网世界中所需要的基本能力，也是人们在现实生活中所需要的精神力量。当前，新时代青年存在网络法律、法规意识较为淡薄，网络道德意识有待加强，网络行为自律普遍较弱等问题，对青年进行网络自律意识培育任重道远。

新时代青年网络自律意识培育具有重要意义，具体如下：一是新时代青年网络自律意识培育是思想政治教育应有之义；二是新时代青年网络自律意识培育是新时代青年思想政治教育的迫切需要；三是新时代青年网络自律意识培育是优化网络环境的需要；四是新时代青年网络自律意识培育有助于社会治理能力提升；五是新时代青年网络自律意识培育有助于促进网络文明建设。

本书立足于如何更好地促进新时代青年网络自律意识培育，提升新时代青年的思想政治水平和思想道德水平，助力新时代网络文明建设，对新时代青年网络自律意识培育的必要性、基本特征、影响因素、培育路径等进行了认真、细致的梳理、思考、总结和分析，得出了富有实践指导性的结论。

从研究内容来看，本书主要从四个方面对新时代青年网络自律意识培育进行研究。

一是分析了新时代青年网络自律意识培育的必要性。在分析必要性之前，首先，本书集中梳理了有关概念和思想源头。在概念分析部分，本书着重分析了网络的概念、自律的概念、网络自律的概念、网络自律的结构与功能、网络自律意识的特征及类型等；在思想源头部分，本书梳理了西方思想史上的自律思想和中国思想史上的自律思想，增进了对自律意识的理解。其次，本书从五个方面论证了新时代青年网络自律意识培育的必要性，分别是思想政治教育的应有之义、思想政治教育的迫切需要、优化网络环境的需要、提升社会治理能力的需要以及推进网络文明建设的需要。

二是分析了新时代青年网络自律意识的基本特征。这部分重点分析了新时代青年网络自律意识的基本特征、新时代青年网络自律意识存在的问题以及造成这种自律意识不足的原因。在基本特征方面，本书从网络道德自律意识、网络法规自律意识和网络交往自律意识等三个方面进行分析；在新时代青年网络自律意识存在的问题方面，本书从青年网络法律法规意识较为淡薄、网络道德意识有待增强、网络自律行为普遍较弱等三个方面进行分析；在新时代青年网络自律意识不足的成因方面，本书主要从人与网络文化的固有弱性、网络管控不力、社会引导和关怀的缺失等三个方面进行分析。

三是分析了新时代青年网络自律意识的影响因素。本书采用多元回归分析法分析影响新时代人们网络自律意识的因素，自变量包括性别、受教育年限、年龄、所在区域、主观幸福感、政治面貌、家庭年均收入、政府机关任职、党政机关领导等，得出了如下结论：①大多数情况下，社会人口特征对人们网络自律意识具有显著影响，具体表现为女性的网络自律意识高于男性；受教育程度对网络自律意识具有显著的正影响；小城市和农村地区，人们网络自律意识较差，这种差异在统计学意义上非常显著；党员比非党员的网络自律意识高；青年群体比中老年群体的网络自律意识低；家庭年均收入对人们网络自律意识具有显著的正影响；主观幸福感对人们网络自律意识具有显著的正影响；政府部门任职对人们网络自律意识不具有统计学意义上的显著影响；党政机关领导对其网络自律意识具有显著的负影响。②社会人口特征对人们网络自律意识的影响不具有明显的性别异质性。③社会人口特征对人们网络自律意识的影响具有明显的年龄异质性，整体而言，青年群体社会人口特征对网络自律意识的影响大于中老年群体。④社会人口特征对人们网络自律意识的影响具有明显的区域异质性，整体而言，小城市和农村地区社会人口特征对人们网络自律意识的影响大于大城市和中等城市。

四是分析了新时代青年网络自律意识的培育路径，包括制度规范路径、社会引导路径和自我内化路径。在制度规范路径方面，本书主要探讨了网络立法调控，网络法规自律意识教育的主要内容，网络自律技术及制度规范，经济制裁、热线制度调控等其他手段；在社会引导路径方面，本书主要探讨了社会导向、家庭教育、学校教育以及同辈群体等各角色的影响；在自我内化路径方面，本书主要探讨了网络自律意识的自我内化路径，自我规矩、责任意识养成路径，耻感文化路径以及慎独意识路径等。

从研究的创新点来看，本书相对于以往相关研究，主要创新点如下。①首次对网络自律的相关概念及相互关系、结构特征、功能特征、思想源流等进行系统梳理。现有的相关研究虽在一些分支部分有所涉及和讨论，但尚未进行系统的梳理。②首次用定量方法分析了影响新时代青年网络自律意识培育的因素，并发现在大多数情况下，社会人口特征对青年网络自律意识具有显著影响。③首次系统地建构了新时代青年网络自律意识培育的路径框架，包括制度规范路径、社会引导路径以及自我内化路径。现有研究虽在具体路径上有所涉及，但尚未进行系统建构。

尽管如此，本书仍然存在以下不足：①在笔者自行组织的调查中，受调研经费、时间及精力等的限制，调查样本主要涉及湖南几所本科院校，未涉及高职、专科等在校大学生，在调查对象的范围、调查对象的样本分布、调查对象的代表性上仍不能准确反映当代青年网络自律意识的现状;②从研究基础来看,学术界对新时代青年网络自律意识的研究资料较少,对新时代青年网络自律意识教育的研究资料更少,可以借鉴的研究成果不多;③从研究的内容来看,将网络自律意识操作化为网络道德自律意识、网络法规自律意识和网络交往自律意识,将网络自律意识教育区分为网络道德自律意识教育、网络法规自律意识教育和网络交往自律意识教育,虽有创新,但是否准确,还有待进一步研究,有待青年思想政治教育发展的检验。

目录 CONTENTS

第一章　新时代青年网络自律意识培育的必要性 …… 001

第一节　新时代青年网络自律意识 …… 003
一、网络与自律的概念 …… 003
二、网络自律的结构与功能 …… 007
三、网络自律意识的特征及类型 …… 009

第二节　新时代青年网络自律意识教育的思想基础 …… 015
一、西方思想家的自律思想 …… 015
二、中国思想家的自律思想 …… 025

第三节　新时代青年网络自律意识教育的必要性 …… 029
一、新时代青年网络自律意识教育是思想政治教育应有之义 …… 029
二、网络自律意识教育是新时代青年思想政治教育的迫切需要 …… 029
三、网络自律意识教育是优化网络环境的需要 …… 032
四、网络自律意识教育有助于社会治理能力提升 …… 034
五、网络自律意识教育助推网络文明建设 …… 035

第二章　新时代青年网络自律意识的基本特征 …… 037

第一节　新时代青年网络自律意识的基本特征 …… 039
一、新时代青年网络道德自律意识的基本特征 …… 039
二、新时代青年网络法律自律意识的基本特征 …… 045

三、新时代青年网络交往自律意识的基本特征 …………… 049

　第二节　新时代青年网络自律意识方面存在的问题 ………… 055

　　一、新时代青年网络法律法规意识较为淡薄 ………………… 055

　　二、新时代青年网络道德意识有待增强 ……………………… 056

　　三、新时代青年网络自律行为普遍较弱 ……………………… 057

　第三节　新时代青年网络自律意识不足的成因 ……………… 058

　　一、人与网络文化的固有弱性 ………………………………… 058

　　二、网络管控不力 ……………………………………………… 076

　　三、社会引导和关怀的缺失 …………………………………… 076

第三章　新时代青年网络自律意识影响因素量化分析 …… 081

　第一节　网络自律意识相关研究 ……………………………… 083

　第二节　研究假设 ……………………………………………… 085

　　一、影响网络自律意识的因素 ………………………………… 085

　　二、网络自律意识的性别差异 ………………………………… 087

　　三、网络自律意识的年龄差异 ………………………………… 087

　　四、网络自律意识的区域差异 ………………………………… 088

　第三节　研究设计 ……………………………………………… 088

　　一、数据来源 …………………………………………………… 088

　　二、模型选择 …………………………………………………… 089

　　三、变量设计 …………………………………………………… 089

　第四节　研究结果分析 ………………………………………… 091

　　一、描述性统计 ………………………………………………… 091

　　二、回归分析结果 ……………………………………………… 092

　第五节　结论与讨论 …………………………………………… 099

第四章　新时代青年网络自律意识培育的制度规范路径 … 101

　第一节　网络立法调控 ………………………………………… 103

　　一、国外网络立法 ……………………………………………… 104

二、我国网络立法 ………………………………………… 106

第二节　新时代青年网络法律自律意识教育的主要内容 ……… 110
　　一、新时代青年的网络知法意识教育 …………………… 110
　　二、新时代青年的网络守法意识教育 …………………… 111
　　三、新时代青年网络安全意识教育 ……………………… 112

第三节　网络自律技术及制度规范 ………………………………… 112
　　一、网络自律技术的开发及意义 ………………………… 113
　　二、建立健全相应的网络安全制度和规范 ……………… 113
　　三、影响网络行为主体自律意识养成的因素 …………… 114
　　四、新时代青年网络自律意识的养成 …………………… 114

第四节　经济制裁、热线制度调控等手段 ……………………… 116
　　一、经济制裁和热线制度调控相结合 …………………… 116
　　二、提高新时代青年自我调适能力，增强其自我保护意识 ……… 117

第五章　新时代青年网络自律意识培育的社会引导路径 …… 119

第一节　社会导向功能 …………………………………………… 121
　　一、注重网络宣传 ………………………………………… 121
　　二、注重加强心理辅导 …………………………………… 122
　　三、营造清明的网络环境 ………………………………… 122

第二节　重视家庭教育的影响力 ………………………………… 124
　　一、强化以身作则 ………………………………………… 125
　　二、注重独立能力培养 …………………………………… 125
　　三、注重自律意识提高 …………………………………… 125

第三节　学校教育 ………………………………………………… 126
　　一、学校教育主体的影响 ………………………………… 126
　　二、学校教育内容的影响 ………………………………… 128
　　三、学校教育方法的影响 ………………………………… 129
　　四、学校教育载体的影响 ………………………………… 131
　　五、学校教育环境的影响 ………………………………… 133

第四节　发挥同辈群体的作用························ 135
　　一、同辈群体的独特作用······························ 135
　　二、同辈群体对新时代大学生自律意识培育的影响········· 136
　　三、用正确的价值观引导和影响同辈群体的价值观········· 142
　　四、尊重和正视新时代青年的同辈群体,与之建立良好的关系······ 142

第六章　新时代青年网络自律意识培育的自我内化路径········ 145

第一节　新时代青年网络自律意识的自我内化路径·········· 147
　　一、道德立法······································· 147
　　二、吾日三省吾身··································· 147
　　三、慎独··· 148

第二节　自我规矩、责任意识养成路径··················· 148
　　一、规矩意识······································· 149
　　二、增强新时代青年的责任意识······················· 149

第三节　耻感文化路径································ 150
　　一、耻感文化路径··································· 150
　　二、耻感促进新时代青年网络自律意识形成·············· 150

第四节　慎独意识养成路径····························· 151
　　一、慎独意识······································· 151
　　二、慎独是网络自律的至高境界······················· 152

附录　新时代青年网络自律意识调查问卷················· 153
参考文献·· 158
索　引·· 168
致　谢·· 170

第一章

新时代青年网络自律意识培育的必要性

新时代青年网络自律是指新时代青年在网络空间所体现的"律己"意识和自我管控力，是新时代青年群体的鲜明特征。它内涵丰富、外延充盈，兼具结构的完整性和功能的多种性。新时代青年网络自律理论有着深厚的理论渊源，建立在马克思有关人本质的理论、康德有关理性自律思想以及有关网络伦理等理论基础上。网络自律既具有理论价值，也具有实践意义。在互联网技术高度发展的背景下，网络自律弥足珍贵。

第一节　新时代青年网络自律意识

一、网络与自律的概念

1. 网络

关于"网络"，中文释义为相互交错或连接的网状系统或组织，狭义上特指互联网（Internet）。本书所提及的"网络"，特指互联网，从某种角度而言就是以计算机为载体的电子信息连接交换系统，它可以把声音、图像、文字等信息传输到与之相连接的任意终端，进而发挥人与人之间、人与信息间连接的功能。随着信息技术的深度发展，加之云计算、大数据等工具的普及推广，智能连接方式之"互联网+"应运而生，实现了人人、人物、人与其他信息对象的广泛而充分的功能链接。可以说，信息技术大大便利了人类的生活、学习与工作，互联网进入寻常百姓的生活，业已发展为社会公共资源。

就功能而言，互联网承载着数据通信、传输信息的基本功能。在互联网时代，其功能日渐丰盈，业已强大。"互联网+"的普及与广泛应用，实现了人类与信息等万物间的互联互通，发挥着无可替代的功能。

这无疑是一场深刻的生产力变革，推动人类实现了跨越式发展与进步，实现了信息的无缝传输与对接，可以说网络改变了人类、改变了一切。目前，我国网民规模接近10亿，且持续增加，互联网已渗入方方面面，"无网不能、无网不胜"。当然，无论网络如何发展，终究都离不开"人"这个根本，网络终究是为人类服务的。这就需要我们正视网络的不利影响，着眼人类自身的发展与进步，顺势而为，积极作为，消除网络所带来的消极负面影响。

互联网犹如一把双刃剑，在给人们带来极大便利的同时，也滋生了诸如网络病毒、网络诈骗等消极负面产物，给新时代的信息安全带来了严重威胁，尤其是网暴游戏和低俗的网络文化，严重影响了新时代青年的身心健康。加之，新时代青年正处于世界观、人生观、价值观、道德观与法治观等形成过程中，尚不成熟，自我管理、自我约束能力尚待加强，新时代青年极易沉溺于虚拟的网络世界，深受网络消极负面因素之影响。鉴于此，新时代青年网络自律能力亟待提升。

2. 自律

"自律"（Autonomie）一词源于希腊语，可以将其视为由 autos（自己）和 nomcos（规则）两个词语组合构成，从字面意思来看是"自己的规则"，可以解释为法则由自己制定。① 《现代汉语词典》（第7版）对"自律"的释义：自我约束。在正常情况下，自律与自由、理性密切相关，从外部性和自我本能的角度强调行为不是强制性的；自律是主体自我约束和自我控制的能力，它来源于个体层面，而不是道德层面的自我控制。就现代社会有关自律的界定而言，自律内涵的呈现是多方面的，既包含道德层面的自律，也包含法律、纪律、文化等层面。因而，本书对网络自律的释义既有网络道德层面的意义，也有网络法规与交往层面的意义。

---

① 何圆. 论新时代青年道德自律精神的培育［D］. 桂林：广西师范大学，2011.

詹世友等国内学者认为，自律主要是主体的管理和约束、人的自我教育，突出的是主体人的自我，是指能够在排除与外部环境相关的因素干扰的前提下，体现主体自我的意志。

通过对自律内涵的深入剖析，可以看出："自律"与"修身"两者密切关联。自律侧重于排除外在条件、因素及环境的影响，出于内心自愿约束自我言行，内在既包含了自我品德修养、美德传承、社会公德的遵循，也包含了对法规等规章制度等外在的约束条件的自觉遵守。同时，"自律"与"他律"两者存在内在的关联性："自律"彰显行为的主动性，展现的是自身修养；"他律"更加注重外在条件、外在因素及外在环境等对自身行为的制约，体现的是外在的强制性。由此可见，自律凸显出道德的最高原则。正如马克思所认为的那样，"道德的基础是人的精神自律"，由此不难发现自律属于道德范畴，它是人类内在道德需要的一种特殊表现形式。唯物辩证法始终强调一点，即内因与外因的相互作用促进事物的发展变化，内因是事物发展变化的根本动力，内因起主导作用。同样的道理，网络主体的道德自律决定了网络道德自律的实现程度。故在网络文明建设和建设成果巩固的过程中，如何提高网络主体的道德自律意识势必成为规范网络主体道德行为的关键环节，也是实现网络主体道德自律的客观需要。通常我们所说的道德自律可以解释为：在一定的社会背景下，道德主体在进行相应的社会行为时，是内化的自我约束和自控意识，自觉地遵循除一定社会内在真理之外的道德准则。通过道德自律，道德主体获得了情感上的需求、精神上的慰藉，身心上获得了满足，进而实现了自我价值与社会价值。这个过程反映出道德主体对来自外部世界的客观必然性的认可、接纳的态度，反映了主体自身既能努力遵从常见的外在规章制度，又能在一定程度上遵循自己内心的真实意愿和真情实感，从而在某种程度上体现出一种道德层次上的非强制性和非制度性、自律性和规范性。

他律则更多表现为主体遵从现有的外在规则、制度等约束性规定的非自愿性，更多地反映出他律的外在性、制度性及强制性。一般而言，行为个体的道德包含了两个方面：一是内在的良好品质，二是外在的行为习惯。个体所追求的最高境界是一种在道德层次上体现意志自由的东西，即所谓的他律与自律高度的协调。对整个人类而言，社会道德是伴随人类社会演进逐步形成并完善起来的，能够发挥维护人类社会秩序、管控世界的一种方式。自律在很大程度上体现为一种主体性，是主体自由、自觉和自愿地为其建立的一套被自己遵守的理性的行为规章与制度，并发自内心地自愿遵从。人类本质特征只有在道德自律中得以完全而又充分的展现时，道德对人才具有现实意义，才能成为自我认同、自我管控、理性管理世界的有效方式。如此一来，作为道德活动主体的人，只有积极应对社会环境、理性处理现实问题，并与人格自我再现的道德有机结合，方能找到治理社会的有效方式，才能真正达到道德自律所追求的最高境界。

3. 新时代青年网络自律

新时代青年网络自律是指新时代青年在网络空间所体现的"律己"意识和自我管控力，是新时代青年群体的鲜明特征。它内涵丰富、外延充盈，兼具结构的完整性和功能的多种性。

结合自律的概念以及互联网行业和互联网技术的一系列重要特征，本书将新时代青年网络自律看作一种将新时代青年作为网络自律行为的行为主体，依赖于互联网技术而产生的一种以线上交流与互动为主要形式的"新质社会"，并通过对理性思维的充分把握和反思，产生的基于理性逻辑的自我约束。本书从哲学和伦理学角度出发，结合网络自律所具有的交互性、主体性、独立性等诸多特点，将新时代青年网络自律的概念和特征分为以下四个方面。

(1) 倾向个体自律

根据自律主体的差异性，本书将自律行为和自律意识的研究划分为两个重要层面：一是微观层次下的个体自律向度的研究；二是宏观层次下的社会自律向度的研究。个体自律向度的研究主要突显个体的道德自律性和自主性来研究自律行为与自律意识，主要包括道德自律方面的内容；社会自律向度的研究则主要通过突出个体在社会环境、社会交往、社会实践等方面影响下产生的一种自律行为，这种行为不仅包含了道德自律的意识和行为，还包含了道德他律的意识和行为及法律他律的意识和行为。由于自律往往被看作由行动者本身所具有的内在因素所驱动,因此学术界关于自律的研究更加关注行动者的内在因素。本书深入探索了新时代青年群体在价值判断、思维方式、心理状态、道德标准等内在因素对其网络自律行为的养成产生的影响。

(2) 以他律作为基础

古语道:"谨乎其外以养乎其内。"这句话主要强调了外在因素在事物变化和发展过程中所起到的作用。自律行为和自律意识的研究虽然在某种程度上倾向于个体自律,但是我们也不能就此忽视他律这种外在的因素对于自律的作用,不应该忘记网络自律在很大程度上是以他律作为基础和前提的。具体来说,存在于网络社会中的自律行为与存在于现实社会中的自律行为,没有什么本质上的区别,都要求行动者对他律的内容具有一定程度的了解,并通过与个人的需要相结合,从而产生具有较强自主意识的行动。

(3) 多数情况下以自愿作为自律的前提

网络自律在很大程度上受到网络主体的自由意志的支配,归根结底是网络主体的自由意志和自由选择。

(4) 以理性为核心

理性被认为是理性(即使同时为感性)者所具有的一种本质规定性,从理性的本质来说,自由意志的立法在很大程度上可以看作一种自我的立法,即所谓的自律。

二、网络自律的结构与功能

1. 网络自律的结构

结合美国学者安德鲁·杜柏林所提出的自律模式,并根据个体达到自律这一状态所经历的几个心理过程,本书归纳出了符合"知、情、意、行"逻辑关系的网络自律结构:自我认知、自我选择、自我约束和自我反思。网络自律的根据是自我认知,自我认知是网络自律的结果。也就是说,自我认知是独立的个体对宏观的网络环境或网络社会的整体意识或观念，是自我选择的行为、自我约束的行为以及自我反思的行为所依托的理性根据。自我认知"能够把自身的需求和网络社会的整体利益、需要结合起来"，是树立正确网络自律意识的必然要求。它要求新时代青年在网络实践活动中要充分认知和理解网络规范，并将网络规范作为自己的行为准则。这个阶段只是对外界信息进行收集和认知，因此属于新时代青年逐渐向具备网络自律意识阶段发展的不成熟阶段。自我选择被认为是网络自律意识和网络自律行为的关键。自我选择是指行为者在选择行为和选择意识过程中能够保持一种自律的习惯，即能够在自由意志的力量支配下，对各种社会规章制度及思想意识观念等做出扬弃和选择，是网络主体做出正确的网络自律行为和形成网络自律意识的核心环节。它要求新时代青年基于意识或观念，甄别和筛选出符合自身价值判断的信息，从而选择并确定个人的行为准则。这个阶段的个体要经过持续的理性考量与权衡，并逐渐将社会的普遍规范内化为个人的行事准则，故这个阶段在一定程度上可被认为是新时代青年群体网络自律意识和网络自律行为的养成阶段。

2. 网络自律的功能

一般而言，网络自律的功能，主要包括缓解网络交往矛盾、解决网络交往问题、净化网络生态环境、降低网络互动成本等，集中体现为内化功能、规范功能和品位功能。网络自律的功能在管理成本高、虚拟环境、主体匿名、规范不严和监管失灵的网络环境下具有非常重要的意义。内化功能主要体现为将网络自律的内容输入自身的意识形态系统，通过自我的判断与扬弃，调整所吸收的各项网络自律意识，最终建构属于自身的与意识形态系统相融合的自律系统。规范功能体现了网络自律具有一定的强制力，迫使行动者做出符合网络自律要求的行为规范。品位功能则强调行动者自身的精神感觉和主观意识，具体体现为网络行动者对自身及他者进行网络活动时所体现出的品质、修养等品位特征的评价。

"意识"是一个在日常生活和学术研究中都被广泛使用的词语，不同的学科、不同的语境对它的界定迥异。思想政治教育学科是建立在马克思主义哲学基础上，因此，我们侧重考察马克思主义哲学中"意识"的含义。在马克思主义经典著作中,"意识"主要有两种含义:一是将其当动词用,表示"觉察到"的活动,也就是认识活动或者意识活动;二是将其当名词用,表示物质或者存在的对立面,即思想、观念或者认识。显然,本书中"网络自律意识"的"意识"取第二种含义。

网络本身是一个含义丰富的新时代产物。汉语中"网络"最早为电学所使用。网络有时候也称为"流量网络",一般用来指称管道系统、交通系统和通信系统,有时也特指由计算机组成的网络。此外,网络还经常在比喻意义上使用,如人际关系网络、社会网络分析等。由于计算机网络日益渗透于人们学习、工作和生活的方方面面,因此人们对网络的理解往往特指计算机网络。在本书中是指通常意义上的网络,即计算机网络或互联网。

三、网络自律意识的特征及类型

1. 网络自律意识

基于中西方学者对"自律"的理解以及结合"自律""意识"和"网络"的概念,笔者认为,所谓网络自律是指互联网中的行为主体自愿地认同网络规范并自觉地践行;所谓网络自律意识是指网络行为主体基于人类对网络社会整体利益的需要和认识,自愿地认同网络社会规范并结合自身实际自觉践行的思想或观念。为了进一步理解"网络自律意识"这一概念,下面从五个方面阐述。

从来源上看,网络自律意识源于网络行为主体基于人类对网络社会整体利益的需要和认识。和科技史上任何一项伟大的技术发明一样,网络也是一柄双刃剑,网络为人们的社会生活提供极大便利的同时也带来了种种弊端,如知识产权的网络剽窃、个人隐私的泄露、网络黑客层出不穷等。网络行为的失范导致了网络社会的失序,进而影响到人类社会生活的各个层面。"我们必须有意识地塑造一个数字化的安全环境。"网络为人类带来了前所未有的利益,但网络社会的失序也日益消耗着这种红利。因此,越来越多的人意识到网络行为失范需要治理。治理网络行为失范,既需要网络规范等外在的、强制性"他律",也需要内在的、自愿性"自律"。可见，网络自律意识源于人类对网络社会整体利益的需要和认知。

从内容上看，网络自律意识的形成是人们对网络社会规范的内化过程。规范，是指形成共有的行为期望准则。所谓共有，是指"许多人共享"。规范包含有"应该"和"必须"之意，也就是说人们有义务遵守这种共有的行为期望准则。从规范的约束力来看，网络社会的规范主要有两类：一类是非强制性网络规范，如上网者行为习惯、网络社会群体规范等；另一类是强制性网络规范，如互联网法规、网站规章等。从规范的性质来看，网络规范可以分为网络道德规范、网络法制规范和网络交往规范。无论从哪个角度来划分，规范都是来自网络主体之外的力量。网络行为的自律就是网络行为主体要自觉地按照网络社会规范来行动。因此，网络自律行为需要网络行为主体将外在的规范内化为其内在观念和意识，也就是网络自律意识或者网络行为自律意识。可见，网络自律意识的形成是网络行为主体将外在的网络社会规范内化为自身的观念和意识，网络自律意识的内容是规范内化而成的思想和观念。

从过程上看，网络自律意识的形成是人们在网络实践中将他律逐步转化为主体自律的过程。对网络失范行为的治理，无法离开法律和其他规范的实施。通过法律和其他规范等他律性措施的实施，对网络行为失范者进行惩戒，建立网络社会的"规矩"，无疑是一种效果显著的方式。通过建章立制不断完善网络规范体系，并以此对网络失范行为进行惩戒，这种外在的强制会逐步为网络社会的行为主体所接受和认同：因为遵守者获得了秩序，不遵守者获得了惩戒。当网络行为主体逐渐接受并认同这些网络规范，便会在网络行为中要求自己尽量遵守这些规范，以获得网络社会的生存权利和保障自己的利益。遵循网络规范的持续行为会逐渐在网络行为主体内心中形成网络规范的心理图式，这种心理图式就是网络行为习惯。良好的网络行为习惯一旦养成，外在于主体的网络规范就内化为主体行为自律意识。可见，网络自律行为是一个在网络实践中由他律逐步向自律转化的过程。

从结果上看，网络自律意识是一种网络行为主体的自我立法和自我约束的思想或观念。当网络行为主体把外在的要求变成自主行动，把被动地服从变成了主动地律己，康德所言的最高道德准则——自律就在网络社会中实现了。"当我们的心中拥有不再受外部压力左右的观念的时候，真正道德自律就出现了。"① 当然，网络自律意识的形成实际上要比这个过程复杂得多，仅靠网络行为主体不可能在短期内完成，对网络行为主体施以教育，无疑有利于网络自律意识更快、更有效地实现。

从目标上看，网络自律意识的培养或教育目标是维护网络社会的秩序，进而保障网络各行为主体的相关权利和利益。为什么要培养网络自律意识呢？这是构建健康和谐网络社会秩序的内在要求。网络或者网络社会的可持续运行，是以相对稳定的秩序为前提。网络社会秩序的形成，又是以每个网络行为主体自觉遵守网络社会的行为规范为前提。网络行为主体自觉遵守网络行为规范又是以网络社会的控制和网络行为主体网络行为的自律为前提。当然，网络行为自律要求网络行为主体必须具有网络自律意识。因此，网络自律意识的教育或者培养目标就是维护网络社会的秩序。网络社会秩序得到了保障，网络失范行为和网络犯罪得以控制，从而每个网络行为主体的权益也就能得到保障。

2. 网络自律意识的几个特征

根据上述理解，我们认为网络自律意识至少具备如下四个特征。

（1）自觉性

自觉性是网络自律意识最重要的特征。所谓自觉是指网络行为主体基于对网络社会及其规范的认知以及主体的主动行动，是主体在理性上的认知和行动上的反馈。网络行为中的自觉，首先表现为对网络以及规范的理性认知；其次是对网络行为规范的认可或者认同，在自由意志的支配下对主体的行为进行自主决定和自主选择。从网络社会的特点来看，网络自律意识的自觉表现在自由、自主、自为三个相对独立而又相互关联的阶段。首先，自由是网络自律的前提，是指网络行为主体是具备自由意志相对独立的主体，能理性地面对自身所面临的网络行为领域和空间并进行分析，实现对网络社会和网络行为的必然性规则的把握，以此来指导主体的网络

---

① 皮亚杰. 儿童道德判断 [M]. 济南：山东教育出版社，1984：233.

行为。这就是康德所认为的自律是"自由的自律"。其次，自主是指网络行为主体的思考和行动都不是被动进行的，是其主动的结果。网络自律是网络行为主体发自内心地对网络行为规范的认同，是一种自主决定，是依赖自身的认知、判断和选择能力实现的，不是从众亦非违心。最后，自为是自觉的最高阶段，是指网络行为主体能够认识并勇于承担其在网络社会中的道德、法律和行为责任。自为阶段的网络行为主体已经意识到在网络社会中与其权利相对应的义务并能自觉承担。

（2）内化性

网络自律意识的形成，要求网络行为主体在网络活动中，在理性的指导下，不断把网络社会的规范和要求转化为自己的思想与观念，这是一个内化的过程。这种内化依赖于两个条件：一是网络行为主体明确的理性认知，能够把自身的需求和网络社会的整体利益、需要结合起来，并能深刻认知；二是网络社会行为主体具备将外在的网络社会规范转化或运用于个体的网络社会行为中。内化的目的在于使网络行为主体具有不断提升个体修养的自觉性，从而使自律意识成为自身行为的最高指导律令。

（3）开放性

网络自律意识的形成，从一定意义上看，不仅是网络行为主体自身的内化和提升过程，这一形成过程受多种因素的影响和制约，是一个必须将其置于开放性环境的实现过程。开放性特征体现在如下两个方面：一是网络自律意识的形成不能仅仅停留在自我完善的狭隘空间，必须在网络行为实践中体验、感悟、内化、提升；二是就网络行为主体而言，自律意识的形成会受到其他网络行为主体尤其是同辈群体的影响，因而必须与其他网络行为主体充分接触和广泛联系。

（4）指向实践性

指向实践性是指网络自律意识与实践高度相关，主要有三层含义：一是网络自律意识根源于网络社会实践的需要。网络社会的出现以及网络作为新时代青年的主要行为领域和空间，在网络实践中引发的种种问题要求网络社会规制的出现，进而要求网络生活中的行为主体对网络规制的遵循，网络自律意识就是遵循网络规制的一种体现。二是网络自律意识的形成过程指向实践。网络自律意识的形成不仅需要网络行为主体自律品质的自我历练，还需要思想政治教育工作者依据思想政治工作理论和方法，通过一定途径和手段，对网络行为主体进行较长时间的培养和教育，是指向网络行为主体的自我教育实践和教育者的教育实践的。三是网络自律意识指向网络生活的实践。网络自律意识只有在网络生活中得以发挥其指导实践的功能、调节网络行为主体关系的功能、维护网络行为主体权益的功能，才能说网络自律意识真正在网络行为主体身上实现。

3. 网络自律意识的几种类型

只有对网络自律意识进行类型分析，才能更深入准确地把握网络自律意识的内涵。在以往研究和实践中，与自律结合得最多的是道德，那么是不是只有道德才有自律呢？如前所述，自律是行为主体自觉认知并遵循一定的规范而形成的自我约束、自我管理和自我控制。从自律的构成要件来看，主要有三个：一是自律的主体，自律的主体主要是个体，还包括组织、企业等法人主体，如互联网行业自律，针对的主体就是互联网行业内的法人主体。但这些法人主体的自律行为和意识最终需通过其员工个体的具体实践来实现。因此，网络自律的主体实质上是网络行为个体。二是自律实现的路径是自外而内的转化过程，也就是说，个体自身并不能自发地形成自律意识，而是要通过对外在规范的认知、把握并认同，从而逐步形成规范自身行为的意识。三是主体要达到自我约束的目标。就网络道德而言，它是通过非强制手段潜移默化于人的思想和行为，其形成过程是个体将规范自内而外认知、认同并自觉践行、自我约束的过程。就此而言，网络道德无疑是符合自律构成要件的。基于此，本书将网络道德自律意识作为网络自律意识的第一种类型。那么，网络的法律规范是否符合自律的构成要件呢？与道德一样，法律是一种社会规范，它是由国家规定并通过强制力执行，法律的实现依赖于法庭、警察、监狱等国家机器的强制手段，对于个体而言，只有无条件地遵守和执行，无论是否自愿。因此，从强制性这个特征来看，法律是他律而非自律。但法律作为一种社会规范，作为一种对人的思想和行为制约的行为准则，它的实现最终要依赖于主体对它的认知、接受、认同并内化为个体自身的行为准则。从法律实现的过程来看，我们发现法律作为一种社会规范也符合自律的构成要件。法律最初是一种必须无条件遵守和执行的社会规范，无视它的后果是受到惩戒。但随着人们对它的认同不断深化和对它的遵守日益自觉，法律就逐渐演变成人们的一种内心的需要和对自身的约束，这时，守法成为一种需要。网络法规是法律规范的一种类型，其本质就是法律。基于上述理解，我们将法律作为网络自律意识的第二种类型。此外，网络交往是否符合自律的构成要件呢？网络交往是一种网络社会行为，作为一种社会行为，其由手段、目的、规范、环境等要素构成，它是主体在一定社会规范下进行的。任何一种交往行为的实现都以遵循现有的社会规范为前提。因此，交往行为，也是一个主体对规范的认知、接受、认同并践行的过程，即由外而内的过程。从这个角度来看，网络交往也符合自律的构成要件。基于上述理解，我们将网络交往自律意识作为网络自律意识的第三种类型。

在上述理解的基础上，根据自律的构成要件我们将网络自律意识区分为网络道德自律意识、网络法律自律意识和网络交往自律意识，并结合前述对网络自律意识的概念简要定义如下。

一是网络道德自律意识是指实施网络行为的主体基于人类对网络社会整体利益的需要和认识，自觉自愿地认同网络社会的道德规范并和自身实际情况相结合，自觉遵守相关网络道德的一种思想或观念。

二是网络法律自律意识是指实施网络行为的主体基于人类对网络社会整体利益的需要和认识，自觉自愿地认同网络社会的相关法律规范并结合自身具体实际，自觉遵守网络法律法规的一种思想或观念。

三是网络交往自律意识是指实施网络行为的主体基于人类对网络社会整体利益的需要和认知，自觉自愿地认同网络社会的交往规范并结合自身实际情况，自觉遵守网络行为规范的一种思想或观念。

上述网络自律意识的类型划分，主要依据三种自律意识各自对应的功能领域，这种划分指示着网络自律意识特征分析和网络自律意识教育的类型划分，成为本书的基本理论逻辑。按照这个理论逻辑，将新时代青年网络法律自律意识的基本特征相应地区分为网络道德自律意识的基本特征、网络法律自律意识的基本特征和网络交往自律意识的基本特征，并由此构建新时代青年网络自律意识的基本特征的分析框架；将网络自律意识教育相应地区分为网络道德自律意识教育、网络自律意识教育和网络交往自律意识教育，并由此构建网络自律意识教育的基本内容。

第二节 新时代青年网络自律意识教育的思想基础

要更好地研究新时代青年网络自律意识，就要了解国内外思想家的自律思想。只有通过学习、思考、总结、批判、借鉴前人的自律思想，结合网络时代的实际情况，才能更好地探索出新时代青年网络自律意识的基本规律。

一、西方思想家的自律思想

在古希腊、古罗马，苏格拉底、柏拉图、亚里士多德等都论述过理智、理性对人的欲望和行为控制的意义，可以视为自律思想的萌芽。如柏拉图曾提出"人只有用理智宰制情欲，才能过上一种身心都健全的、善的（幸福）生活"[①]，强调自我理智克制情欲对于获得幸福生活的意义，强调理性对欲望和行为控制的重要作用以及实现道德自律的重要意义。

1. 古希腊思想家的自律思想

在古希腊，绝大多数思想家认为节制是一种美德，是人们获得幸福感的一种理性的思想神器。在这些西方哲人看来，人性中带有欲望和感情，而情欲会妨碍人类幸福的实现，因此必须克制欲望和情感。在他们的节制思想里有着不同维度的层次规定，其中不仅包含自我节制的层次，而且要求人们自觉遵守一些约定俗成的合理的社会规范。

苏格拉底作为古希腊著名的哲学家，他并没有留下关于自律意识培育的思想著述，但我们可以通过他的学生柏拉图和色诺芬的著作侧面了解他

---

① 于钦波，刘民. 外国德育思想史[M]. 成都：四川教育出版社，2000：104.

的思想。

苏格拉底曾提出"美德即知识"的论断。在苏格拉底看来，大多数人不会自愿作恶，或者在知道作恶会产生不利影响的前提下还坚持作恶，那些不道德的行为多数是其在无知的情况下所产生的。在他看来，人们只有在抵制物质世界的诱惑以及跳出后天知识经验的局限，获得关于某些层面的概念知识后，才能成为一个具有勇敢、智慧、正义和节制四种优秀品质的人。我们从最后的一种美德"节制"，不难发现苏格拉底对道德主体自我约束的要求是相当高的。

众所周知，著名哲学家柏拉图是苏格拉底的学生，柏拉图不仅很好地继承和发扬了苏格拉底提出的伦理思想，而且在苏格拉底的基础上对这些纷繁复杂的伦理思想进行了系统化和理论化研究。柏拉图所著的《高尔吉亚篇》看似是讨论如何运用修辞，实则在于探索人应该怎样生活，怎样才能获得幸福感。一个懂得节制的心灵就是幸福的、善良的心灵。为了印证这一观点，柏拉图还进一步指出如果一个人想生活得幸福，就须追求和养成生活有节制的好习惯，并尽可能地远离放纵。他还强调无节制就是无耻，能够控制欲望和情绪的人才是优秀的人。

此外，柏拉图还认为懂得节制的体现是遵纪守法，他敏锐地指出，如果说有节制的灵魂是好的，那么那些不节制的灵魂就是不好的。[①] 这里需要指出的是，柏拉图的节制思想，从很大程度上而言，具有阶级性，这一点很难被否认。他指出由人的思考指导简单而有分寸的欲望只会在那些天分极高且又接受过最好教育的人身上才能见到，而作为社会大多数的底层劳动者是缺乏节制意识的。因此，节制更应该是他们推崇的首要美德。

古希腊时期最伟大的哲学家亚里士多德在《尼各马可伦理学》一书中指出，正如学习一门艺术和掌握一种技能一样，美德来源于生活实践。在此，我们不难发现，亚里士多德的观点和柏拉图的"理念论"截然不同。在他看来，美德既不是与生俱来的，也不是逆天性而后天努力学习的结果，而是靠自然赋予的能力来获得的，是在我们的日常行为习惯中潜移默

---

① 柏拉图. 柏拉图全集：第Ⅰ卷 [M]. 王晓朝，译. 北京：人民出版社，2002：401.

化养成的。换句话说，想成为一个什么样的人就需要养成什么样的习惯。美德的养成很大程度上取决于个人的主观选择，没有外在的强制力量。那实践又是怎样获得的呢？亚里士多德给出的答案是三种品质和两种恶。其中，一种是过度，一种是不及和作为它们中间的适度的德性。① 众所周知人都是有欲望的，人在欲望得到满足时就会感到快乐，对于正常的欲望，很少有人做错，要错也只有一种错，那便是过度。② 由此而言，"在快乐方面的适度就是节制"。③

与此同时，亚里士多德认为，与节制相对立的在快乐方面的过度即自我放纵，理应受到谴责，尽管放纵的感觉是最刺激和过瘾的。但它是兽性的表现，"因为这种感觉不是我们作为人独有的感觉，而是我们作为动物所具有的感觉"。④ 当然，亚里士多德也指出，人们的欲望应服从罗各斯的指导，所谓罗各斯的指导，即"节制的人欲求适当的事物，且是以适当的方式和适当的时间"。⑤ 上面所述的亚里士多德的这种中间适度的思想，在某种程度上是对传统节制思想的进一步发展，这种论调和中国的儒家思想"执两用中"的中庸思想有着惊人的相似之处。人只有在发现并意识到自己的错误后，强迫自己向着相反的方向发展，如此才是矫枉。欲使自己远离过失而达到中庸之道，唯有通过自律习惯的养成，没有其他捷径可走。

古希腊是欧洲文明的发源地及文化摇篮，这期间及更早一批思想家如苏格拉底、柏拉图和亚里士多德等试图从人性的角度出发，对节制、美德、知识等概念做了他们能力范围内的详尽解读和阐述，对后世自律思想的发展产生了深刻的影响。人类社会发展至今，在个人权益日益增加的情况下，加强道德自律显得尤为重要。另外，古希腊文化还具有明显的人本主义特征，古希腊的节制思想因此包含了承认个人价值的思想内涵。自我克制的思想往往以个人权益的存在为前提，没有人的合法地位，也就没有

---

① 亚里士多德. 尼各马可伦理学 [M]. 廖申白, 译. 北京：商务印书馆, 2005：53.
② 亚里士多德. 尼各马可伦理学 [M]. 廖申白, 译. 北京：商务印书馆, 2005：91.
③ 亚里士多德. 尼各马可伦理学 [M]. 廖申白, 译. 北京：商务印书馆, 2005：88-89.
④ 亚里士多德. 尼各马可伦理学 [M]. 廖申白, 译. 北京：商务印书馆, 2005：91.
⑤ 亚里士多德. 尼各马可伦理学 [M]. 廖申白, 译. 北京：商务印书馆, 2005：94.

自我克制。自我克制强调的是行为过程中的自我意识和主动性。① 由此不难发现，柏拉图、亚里士多德等人的节制思想具有明显的理性主义色彩，使外在的规律、法律等成为人们自我节制的内在要求。

2. 中世纪思想家的自律思想

历史上把5世纪至14世纪末这一时期称为"中世纪"。这一时期，日耳曼人在征服罗马过程中，将它们原有的生产关系和政治上层建筑一并破坏了，只有基督教幸免于难，并成为中世纪占有统治地位的意识形态。中世纪被史学界称为"黑暗的时代"，但不可否认的是经院哲学为后世保存并发展了部分希腊哲学，为后来的思想发展做了准备。

中世纪法兰西知名经院哲学家和神学家阿贝拉尔特别重视和主张动机论。按照他的观点，个人的行动是否合乎道德规范，取决于行动者是否根据自己的良心，或者是否按照其个人所认为的正确思想而付诸行动，与"原罪"无关。阿贝拉尔还提出善恶出自人的意志等，这些观点已经初步具有了自律思想。

历史上第一个系统解释基督教哲学并为之建立基督教神学体系的人是奥里金。他研究发现人类有两种本性：一种是有形可见的本性，其支配人们的身体欲望及活动的动物性本能；另一种则是不可见的理性，这种理性往往会潜意识地影响灵魂和自由意志，一般而言，人的动物本能会通过自由意志发挥其作用。同时，他深信人的灵魂保持着意志的自由，并且有逐步上升或者逐步堕落的可能。但意志可以轻松自由地决定人们是任凭激情冲动行事，还是克制自身的欲望理智行事。

无论是在思想方面还是行动方面奥里金都是一个十足的禁欲主义者，甚至对于一切可能激发年轻人欲望的东西都嗤之以鼻，更让人不可理解的是他经常禁食或减少睡眠。意志的自由就是没有任何外部的事情可以刺激我们行善和作恶。善恶只是意志的自由选择，正是意志选择了屈从或抗拒来自外部的不利影响。只有如此，上帝才可以根据人的选择对其进行公正

---

① 祝宏俊. 希腊节制思想 [M]. 北京：社会科学文献出版社，2009: 1.

的审判。① 奥里金还习惯性认为善恶多是人们自己的主观选择，没有外在的强制力，刺激和左右其的力量多数情况下不是来自外部，而是来源于自身内部。换言之，主宰命运的并不是上帝事先做好的安排，而是人们自己的选择。奥里金的这些思想充分体现了其重在强调道德主体自身的因素对于道德品质形成的重要意义，这恰恰鲜明地体现了道德自律性特点。

中世纪的哲学虽然大多围绕基督教教义进行论证，这使得西欧社会各方面或多或少地染上了宗教的色彩。但是这个时期的思想理论成果恰好为14世纪下半叶以后即文艺复兴时期的人本主义思潮兴起和发展提供了必要的思想准备。

3. 宗教改革时期以及文艺复兴时期思想家的自律思想

从某种角度来看，正是由于资本主义萌芽的出现引发阶级关系和思想意识的变化，引发了一场浩浩荡荡的思想变革。根据马克思主义唯物辩证法，社会存在决定社会意识，14—16世纪发生在欧洲大地上的文艺复兴和宗教改革运动，恰恰是欧洲资本主义经济发展在社会意识领域的显现，它是一次伟大的思想解放运动，极大地推动了人类社会向前发展。

这一时期，基督教宗教改革的发起人与领袖是加尔文和马丁·路德。这一时期的人们推崇理性和科学，但不反对宗教。马丁·路德根据他自己的经验和研究方法巧妙地将法的用处分为两种：一种法用于"约束恶人"；另一种法的目的是教会人们如何正确地认识自己。综上所述，马丁·路德的这种阐述并不是在说，我们没有办法让自己外在的行为表现符合法的要求。通常情况下，我们大多还是能控制自己的某些行为，而使我们按照法的要求去做的行为动机和内在驱动力，却是我们难以控制的。② 在马丁·路德看来，在某种意义上，那些被上帝赋予恩典的人似乎超越了法，对这些人而言，他们的善行更多来源于信仰。为了论证其观点的合理性，马丁·路德还引用了《圣经》使徒保罗在《提摩太前书》第一章第9节中的

---

① 杨鑫辉. 心理学通史：第三卷 [M]. 济南：山东教育出版社，2000：118.
② 施尼温德. 自律的发明：近代道德哲学史 [M]. 张志平，译. 上海：上海三联书店，2012：29.

话:"律法并不是为正义之人立的,而是为不义之人而立的。"① 被赋予恩典的人是自由的,律法对这样自由的基督教徒是没有必要的。

加尔文则根据自己的理解和研究所得将法的作用归纳为三类:第一类是增加犯罪从而使我们感觉自己有罪;第二类是威胁管控那些为非作歹的犯罪恶人;第三类则是通过一定的方法让那些被挑选的人更清楚地认识到自己的责任,这是法律的主要作用。通过这些,对《提摩太前书》第一章第9节做出与马丁·路德一样的解释,那就是法律不是为正义之人设立,而是为不义之人设立的,法律的目的就是控制那些外在表现出来的强烈身体欲望。对于那些被上帝挑选的人,通过让其阅读熟悉法律而让他们欣然服从,接受把法律的奖惩灌输到其内心的人。② 对于遵从道德和正义的人,他们能够自觉地服从和遵守法律的约束,因此法对他们是无用的。对于马丁·路德和加尔文来说,道德本身只和当下世俗有关,与来世生活没有必然的联系,对耶稣上帝也无用。综上所述,马丁·路德与加尔文的这种道德自治思想理论和道德自律的要求有着某种程度上的契合度,他们的思想理论成果对后来的启蒙思想家有着不可估量的影响力。

一般而言,作为法国文艺复兴后期和16世纪著名人文主义思想家卢梭,他的随笔著述错综复杂,并没有留下道德或自律思想方面系统的理论成果,不过他在教育方面给我们留下了弥足珍贵的思想财富。他根据自己多年的研究心得和学术探究提出了道德回归的理论。他敏锐地指出,道德教育应该注重培养德智体全面发展的人,培养有良心和有品德的人。通常情况下,这样的人大多能够以身作则,主动克制自身的欲望,积极为社会发展做出自己相应的贡献,这样的人正是我们所期望的具有道德自律意识的人。

在教育思想方面,蒙田是一个十足的怀疑主义者,他告诫自己的学生不要轻易服从权威,不要盲从,要学会独立思考。另外,他还特别强调个

---

① 施尼温德. 自律的发明:近代道德哲学史 [M]. 张志平,译. 上海:上海三联书店, 2012:30.
② 施尼温德. 自律的发明:近代道德哲学史 [M]. 张志平,译. 上海:上海三联书店, 2012:38.

人的主体意识，进而通过自己的不懈努力培养具有独立意识、个性充分发展的优秀公民。为此，他还做了一个特别形象的比喻，即学习的过程就像蜜蜂采蜜那样，包罗万象，博采众长，学以致用。他还指出，教师对学生的学习尽管有着重要的引导作用，但是发挥学生自身的主动性不能够被忽视，让学生自己主动去探索和发现问题，这样的教育教学才更加有趣和富有意义。蒙田提出德育教学的目标是培养具备自律意识的人才，在教育方法上他尤其注重发挥学生的学习主动性，同时鼓励学生不断提高学习主观能动性。如此看来，重视受教育者本身的因素对于道德品质形成和获取知识的重要作用不言而喻。

众所周知，人文主义是文艺复兴运动时期的主要指导思想，其核心是以人为中心，强调人文主义和人本主义。这在极大程度上冲破了中世纪宗教的森严束缚，充分肯定了人的价值和尊严，这一时期的人文主义思想对资产阶级反对封建社会的桎梏提供了强有力的思想武器。

4. 17—18世纪资产阶级革命时期思想家的自律思想

历史的车轮滚滚向前，伴随着资本主义快速发展及资产阶级革命的到来，世界历史朝着更深层次和更广域度的方向发展。启蒙运动在思想界被称为"近代人类第二次思想解放运动"。这一时期涌现了诸多有影响力的大思想家，他们的思想对社会的进步发展起到了极大的助推作用。

作为思想启蒙运动中著名的思想家，卢梭的思想理论成果给了我们诸多积极启示。他根据自己的实践研究将自由划分为三种：自然的自由、契约的自由以及道德的自由。

自然的自由是孤立封闭在自身圈子里的那种人的自由，是没有私有制前提下的人与人、人与自然和谐相处的一种状态，它还没有涉及法律和道德等社会性存在的问题。卢梭在《社会契约论》一书中明确提出了自由的社会机制。在他看来，人们在自由自愿的前提下订立某种契约，创立一套新型的社会和道德秩序。这里我们所谈到的契约实际上就是在公众民意基础上建立起来的法律，每个人都必须服从这个法律。与此同时，社会自由往往需要通过法律给予保障，人人成为国家的主人，却远没有达到让人成为自己的主人。从某种角度来看，只有道德的自由才会使人类真正成为自己的主人。这是因为那种只有嗜欲的冲动是奴隶的状态，只有认可并服从人们自己为自己所制定的法律，才是自由。① 在他看来，被个人的欲望所驱使那是一种奴隶的低级状态，而服从于自己为自己制定的律令才是真正的自由。

卢梭一再强调要让自己内心的道德律成为衡量善恶的标准，遵从自己的良心，人应该做掌握自己命运的主人。在《爱弥儿》一书中卢梭指出，在我们的灵魂深处，与生俱来就有一种正义和道德的萌芽。尽管我们内心也有自己的一些原则，但我们在大多数情况下判断自己和他人行为好坏的时候，不由自主地都会以这个原则为依据，这个原则通常被我们称为"良心"。综上所述，卢梭的这种阐述实质上是将良心作为道德行为的最高标准。另外，卢梭还自信地认为，每个人其实都具有自我完善的能力，这就意味着人们在理智的情况下是可以消灭或者限制欲望的。不难理解，人和动物不可避免地都会受到自然规律的支配，但是人们往往有服从或者反抗的自由，所以人类是具有精神和灵性的。假如人们一味地纵情感官刺激，自身的防护就会被削弱，故需要对欲望人为地设定一个限度。卢梭坚持认为，只有人类自己愿意为自己立法，并时刻服从内心的道德要求才会获得真正的自由，从而摆脱自然本性欲望对我们精神意志的奴役，真正成为自己的主人。显而易见，卢梭的自由学说渲染了浓郁的道德自律色彩，他的这些思想对后来康德所创立的道德理论产生了潜移默化的影响。

18世纪，英国伟大的经济学家和伦理学家亚当·斯密曾经把市场和道德形象地比作两只"看不见的手"。在他的伦理学理论成果《道德情操论》一书中，我们不难发现他试图从人类的同情心出发，极其详尽地阐述了善恶、正义、仁慈、美丑、克己等一系列道德情操的概念，揭示了人类社会赖以维系和发展的内在原因，突出强调了人类社会发展应当遵循的一般道德准则。在他看来，一个人如果能遵照严格、严正的公平与适当的慈善等

---

① 卢梭. 社会契约论［M］. 何兆武, 译. 北京：商务印书馆, 1980：30.

规则要求来行为处事的话，那么这个人或许就可以被称为"德行完美的人"。① 但是，如果只拥有最完美的规则知识是远远不够的，因为人们可能在某一时刻会被自己的激情所误导、逼迫和偏差，从而使得人们违背自己在冷静清醒时所恪守的规则。因此，最完美的知识和法律规则，如果失去了最完美的克己或自我克制的内心约束，那么结果将未必使一个人的言行总是如此适宜和正当。②

在这里，我们不难看出亚当·斯密充分认识到克己自律的重要性。在他看来，那种所谓的始终如一和永不间断的克制力多数情况下能赢得人们的赞美与尊敬。他将促使或逼迫我们的那些激情划分为两类：一类是那种自身需要很大努力克制的激情，另一类则是那种并不怎么难以控制的激情。然而，关于这两类激情中任何一类激情的克制力，除了它可以使我们能在一些场合通过严格遵照公平与适当善意的指令行动所得来的那种优美光泽之外，还有一种其实是与它的效用无关的，这完全是它自身所散发出来的优美光泽。因此，它本身就值得我们在一定程度上去尊崇和赞美。③ 亚当·斯密的思想论述了只有具备克己自律品质的人才能称得上是一个德行完美的人，只有克制愤怒、恐惧、虚荣、自傲等负面情绪才会给自己的人格增添光彩。

熟读西方哲学史的人大多知道，西方哲学史上第一个系统阐述"自律"概念的哲学家是康德。在康德眼里，自律就是唯一的道德原则。他对自律的解释是，以自己的善良意志为基础按自己颁布的道德规律来行事，而他律则是需要服从自身以外的权威与规则的约束。纵观康德一生的诸多研究，我们会发现他的突出贡献还是其所建立的以自律为核心的伦理道德体系。他巧妙地将人的善良意志作为道德哲学的理论研究基石，在此基础上提出了"定言命令"的思想。"定言命令"在一定程度上显示了人类主体的自由意志。"定言"体现的是道德主体的自由性和主体性，从另外一个角度来看，就是道德主体可以摆脱外在事物和规律的束缚，其意志不受

---

① 亚当·斯密. 道德情操论 [M]. 谢宗林，译. 北京：中央编译出版社，2001：300.
② 亚当·斯密. 道德情操论 [M]. 谢宗林，译. 北京：中央编译出版社，2001：300.
③ 亚当·斯密. 道德情操论 [M]. 谢宗林，译. 北京：中央编译出版社，2001：301.

外物约束的干扰。"命令",表面上看起来具有一定程度的强制、强迫意思,但是需要指出的是,康德这里的命令是有别于通常情况下我们所说的一般命令。它并不是来自其他人或者外部力量的命令,而是道德主体自己的命令,是道德主体本人对自身所付诸的行为而设定的某种法则。

综上所述,我们不难发现,康德的自律思想是以理性的行为主体作为一切立论的前提,在他看来有理性的人自觉恪守自己颁布的律令,且按照律令的要求规范自己的行为便是道德的自律。按照他的理论观点,人之所以为人,是因为人有道德上的自律能力,通常情况下成年人都是有能力为自己的行为结果负责的。同时,他还指出,那些充满理性色彩的观念都是普遍立法意志的观念。由此,康德宣布规范人是立法的目的[①],主张人是道德价值的绝对母体,道德实际上就是人类为自己立法,是人们自身获得良好发展的意志自律。如此一来,他把人类的精神看作道德自律的基础。

学者宋希仁认为康德眼里所谓的"自律"就是强调道德意志对理性"绝对命令"的遵从,是理性意志为自己立法而又遵照此立法标准行事,将人们被动的外在规则强制变为自我意识内在的道德自律。他还不厌其烦地告诉我们,在康德的伦理学思想体系中,自律和他律是水火不相容的。由此而言,我们不难判断康德的这种自律思想,在反对教会神学禁锢和封建专制统治方面,具有积极和革命意义。但是我们不能忽略的一点是,康德在否定宗教桎梏和封建专制主义对人类思想禁锢的同时,无形中也否定了任何外在的约定俗成的道德法则,否定了道德在其他层面上的他律。这便使其所谓的道德自律理论成了无源之水、无本之木,使他的道德自律思想成为脱离社会历史实践和具体生活的空洞学术形式。即便如此,康德仍不愧是西方哲学史上最伟大的思想家之一,他的思想理论为后世哲学带来了新的耀眼曙光。

康德从"他律"的相对意义上对"自律"做出界定,认为"自律"是意志给予自身具有普遍约束性的规律,它不受外界的干扰约束、不会被情感所支配,完全是根据自己的良心、善恶维度来追求自我修养提升而制

---

① 康德.道德形而上学原理[M].苗力田,译.上海:上海世纪出版集团,2005:51.

定的道德规则。① 可见，康德把道德自律看成是道德主体"自己为自己立法"，自我立法、自我管理、自我教育、自我约束，是人类为自身的目的而采取行为活动，不受外在条件和因素的影响与制约。康德认为，"我必须（应当）如此行为，变为自觉的'我没立意如此行为'，变被动服从为主动遵守"。② 所以，自律主要表现为人的意志自律，意志自律是道德的最高原则。③ 由此可见，康德的"自律"思想强调了道德的主体性，强调了理性、意志自由和在道德领域的自律，使人摆脱宗教神学的规约、限制，成为道德的主人，具有积极意义。康德"自律"思想启示我们：网络自律，就是网民等行为主体在网络实践中自我立法、自我管理、自我教育、自我约束，从而为网络空间的和谐秩序提供保障。

二、中国思想家的自律思想

中国传统文化博大精深、源远流长，中国传统文化的主流思想是儒家思想。因此，探究中国思想家的"自律"思想必然离不开对传统儒家思想"自律"思想的梳理。在儒家思想中，自律与个人的修身紧密相连，在自我修养的过程中，"慎独"是一种重要的修养方法，对新时代青年的网络自律很有借鉴意义。

1. 传统儒家思想的"自律"观

在中国古代，儒家学派的代表孔子、孟子、荀子、董仲舒、朱熹等都对自律做过阐述。先秦时期的孔子是循着"克己—内省—慎独"的思路来理解自律的。孔子认为，"克己"的手段是"非礼勿视，非礼勿听，非礼勿言，非礼勿动"。这里的"礼"指周礼，就是用礼来节制人的主观欲望。剔除其中因时代和阶级地位而致的不合理成分，可以看出，孔子的克己思想就是要通过遵守"礼"来克制自己的欲望，提高自己的道德自觉性。要想做到"克己"，基本的要求就是"自省"，即在自我反思中形成个体的自

---

① 王中军. 网络文明建设中网民自律培育研究 [D]. 长沙：中南大学，2010.
② 康德. 道德的形而上学基础 [M]. 苗力田，译. 上海：上海人民出版社，2005：83-85.
③ 王中军. 网络文明建设中网民自律培育研究 [D]. 长沙：中南大学，2010.

律。孔子认为，自省的基本方法是学与思相结合、学与行相结合、思与行相结合。"慎独"是"内省"的发展，是指个人在独处、无人监督或没有外在压力的情况下，道德主体发挥内心信念的作用，严格要求自己，警惕内心深处尚处于萌芽状态的错误意识、不正当的私欲或不正常的情绪，自觉地做合乎道德的事。孔子的"自律"思想启示我们：网络主体的网络自律首先需要"克己"，要对网络中的不良信息主动建立心理屏障系统，并经常对照相关的网络行为规制不断"内省"，寻找不足与错误，在无人监管的状态下，依然严格要求自己，自觉地做符合法律和道德的事情。

孟子在发展孔子的"自律"思想基础上，进一步提出了自己的道德自律思想。首先，孟子提出"性善"论，通过对人性的考察奠定了其道德自律思想的基础。孟子深入思考了如何从人的本性出发做到自律这一问题，他指出："仁也者，人也"（《尽心下》），将善作为人与生俱来的本性，作为追求道德自律的根本。孟子在其著述《告子上》中提出了以下观点："仁、义、理、智，非由外铄我也，我固有之也。"他认为，正是由于每个人心中有着这种向善的本性，所以道德自律才成为可能，性善论是人能够自律的内在基础。其次，孟子将修心养性作为个体道德自律的基本过程。人类普遍的、共有的善性，仅仅是个体道德自律的前提或者说是萌芽。作为个体而言，其道德自律离不开修心养性的过程。其中，修心就是要提升个体的道德认知能力，既包括固有善端的认识和保存，也包括固有善端的扩充和发展。养性是要在实践中巩固和充实自己的内心，由此构成一个以道德自律为目标的从认知到实践的完整体系。在这个过程中，个体自觉意识不断提高，外在的约束转化为个体内心的信念，道德行为逐渐成为符合自身需要的自觉自主的行为。最后，孟子还提出了道德自律的基本方法，即"自反"和"自得"。同时，孟子在《孔子家语·入官》中提出："自反而仁""自反而忠"是理想的道德教育方法，他着重的自求自得，就是他在文章中表述的"往而直之，使自得之；优而柔之，使自求之；揆而度之，使自索之"。

荀子的伦理学属于自律伦理学还是属于他律伦理学，学者对此有不同的看法。有的学者认为荀子的伦理学是自律伦理学，代表人物是韩国学者李漳熙，他认为荀子哲学是以心的自律性为中心，因而其伦理学属于自律伦理学；有的学者则主张将荀子的伦理学划分到他律伦理学，如牟宗三在《心体与性体》一书中提出，荀子的伦理学与孟子的自律伦理学不同，应该被视作他律伦理学。①

此外，西汉的董仲舒、宋代的朱熹都对"自律"有较深入的研究和阐述。近代思想家魏源则认为，在道德修养上应采取积极、主动、自觉的态度，要求人们经常地进行自觉的自我反省。他说："作伪之事千万端，皆从不自反而生乎！作德之事千万端，皆从自反而起乎！不自反，则终口见人之尤也；诚反己，则终口见己之尤也。"只有经常"自反"，才能及时发现自己的不足，在道德上获得进步。康有为认为，人和其他动物一样具有本能的欲望，人和其他动物的区别就在于人能够运用理性克服自己的欲望。康有为所认为的理性实际上就是他所说的"礼"。作为近代资产阶级维新派的重要代表，康有为巧妙地用资产阶级民主、自由、平等和博爱代替了封建社会的"礼"。

2. 慎独自律的一种境界

儒家思想源远流长，其中慎独是儒家提倡的一种自我修身之法。它最早陈述于《礼记·中庸》，儒家把慎独看作君子之德和君子之行，就是当一个人独处的时候，也时刻不放松和降低对自己的要求，不该看的不看，不该听的不听，不该想的不想；即使是丝毫的放松都不行，越是在无人监督的情况下，越是要谨小慎微，时时刻刻都不能放松对自己的要求。"慎独"就是自觉主动地严于律己，时刻反省总结自己的所思、所言、所行，对自己高标准严要求，防微杜渐。不仅要时刻践行"慎独"，而且要追求更高的思想修养境界。这样，道义才不会渐行渐远。

在中华民族漫长久远的历史中，慎独这种带有浓郁儒家色彩的自我思维修身理念，在道德修养方面一直发挥着重要的作用，对当下的青年道德修养同样具有重要的参考价值。把"慎独"的思想精神和网络文明建设结合起来，并对两者的内在联系进行研究，势必对新时代青年网络自律培育

---

① 牟宗三. 心体与性体（上）[M]. 上海：上海古籍出版社，1999：75-78.

产生重要的启示和促进作用。与此同时，这种慎独精神在网络社会中，同样是建设网络文明、培育网络自律不可或缺和可以借鉴吸收的有效典范。我们一旦具备了慎独的思想和精神，也就具备了较强的自律意识，具备了在虚拟网络世界始终对自己严格要求的意识，就不会轻易忘记自己所扮演的社会角色和所承担的社会职责。

通过大量的比较研究，我们发现一个有趣的现象，就是慎独的思想精神与网络生活的三个特性有着高度契合性。

首先，网络生活的自主性在某种程度上与慎独的思想精神是完全契合的。在网络生活中，网络主体可以自主参与网上的活动，张扬个性。网络生活的自主性通常表现在网络行为的主体在思想及行为方面具有较大的自由、自主性。每一个网络主体既可以是网络活动的组织者，也可以是网络行为的参与者。网络生活的自主性特点，特别需要道德自律来对网络行为主体个人的行为进行约束和规范。慎独本身也是一种自主行为，存在着所属时空范围内道德力量的规范引导，两者在自主性要求上基本吻合。

其次，慎独的思想精神和网络生活的开放性相契合。在网络世界，信息可以随时随地发布，不受地域空间限制，各种观念、观点都可以在这里自由碰撞、融合。如此一来，若各方的价值观念、思想观点存在分歧，无法融合，就有可能出现相互攻击伤害的情况。因此，网络世界的开放性伴随着人际交往内在有序性的需求，网络行为主体更需要发自内心的自觉维护开放的环境秩序。毫无疑问，慎独的思想精神和这种道德要求是相吻合的。

最后，慎独的思想精神和网络生活的独立性相契合。网络世界的交流和现实生活的交流存在很大差别。不可否认的是，网络终端连接的是人，每个终端背后所指向的那个人都是一个独立的个体和生活空间，作为网络行为的主体可以随时随地实施自己的网络行为而不会过多地受到外界和他人的限制。如此一来，网络生活的独立性势必迫切需要网络行为主体具有良好的自省自控能力；而慎独的思想精神主体也是相对独立的个体，具有相对独立的生活空间，不难发现这种网络道德要求与慎独的思想精神也是相吻合的。

第三节 新时代青年网络自律意识教育的必要性

一、新时代青年网络自律意识教育是思想政治教育应有之义

新时代青年网络自律意识教育是指思想政治教育工作者以思想政治教育的相关理论和方法为基础,综合运用心理学、教育学等手段和方法,针对新时代青年的网络行为失范问题而开展的旨在提升新时代网络自律意识的教育。网络引发的一系列新时代青年心理健康问题、思想行为问题等已演变成为严重的社会问题,党和国家、各高等学校都给予了高度关注。新时代网络自律意识教育研究是网络道德意识教育的一个重要分支课题,也是思想政治教育研究的热点,成为新时代青年思想政治教育的一个崭新课题。

二、网络自律意识教育是新时代青年思想政治教育的迫切需要

新时代青年网络使用量位居各类人群榜首,几乎全是网民。网络已经成为新时代青年学习和生活不可或缺的工具,网络对新时代青年思想观念和行为方式的影响越来越强烈、越来越广泛。同时,新时代青年网络行为失范的问题日益凸显,突出表现为新时代青年网络道德意识混乱、网络诚信意识缺乏、网络责任意识漠然、网络道德判断能力不完善和大量网络失范行为滋生等。新时代青年网络行为失范与诸多因素有关,新时代青年网络自律意识的缺乏是非常重要的因素。新时代青年网络自律意识淡薄或者缺乏,不仅会让涉世未深的新时代青年在网络活动中易遭受不必要的损失和伤害,还可能扰乱整个网络秩序。新时代青年是国家的栋梁,其发展与成才事关国家和社会的长远发展。当前,将网络自律意识作为思想政治教育重要内容的高等学校还非常少,即使有的学校已经将网络自律意识教育纳入新时代青年思想政治教育的主题,也才是刚刚起步。只有通过开展新时代青年网络自律意识教育,包括网络道德自律意识教育、网络法律自律

意识教育和网络交往自律意识教育，推动新时代青年网络道德自律、网络法律自律和网络交往自律，才能既使新时代青年在网络生活中有效地维护自身的权益，又能维护整个网络社会的秩序。可见，新时代青年网络自律意识的缺乏是当前高等学校思想政治教育亟待解决的问题，加强网络自律意识教育是新时代青年思想政治教育的迫切需要。

从原因上看，新时代青年网络行为失范既有网络的原因，也有新时代青年自身的原因。从网络的特点来看，新时代青年网络行为失范的主要原因是：网络的开放性与信息的多元化容易导致新时代青年沉迷网络，致使其思想观念陷入迷惘；网络世界的虚拟性和隐匿性，符合新时代青年逃避社会道德约束的心理需求；网络信息传播的及时性、便捷性和超时空性切合了新时代青年追求时效性的心理。从新时代青年自身的特点来看，新时代青年网络行为失范的主要原因是：青年思想尚未成熟，对网络的认知不全面；受挫后的心理补偿与释放；自律意识不强、慎独精神缺失；从众、跟风心理误导；个性张扬、求异心理作祟；等等。上述关于新时代青年网络行为失范的原因分析表明，引导新时代青年认识网络社会以及网络社会规范的特点，认识新时代青年网络自律意识缺乏导致的严重后果，进而加强新时代青年网络自律意识教育，是当前新时代青年思想政治教育的崭新主题。这一主题的新颖性体现在如下四个方面。

一是新时代青年网络自律意识教育推动思想政治教育开拓新主题。新时代青年思想政治教育的传统主题主要有"三观"教育、民族精神教育、爱国主义教育、公民道德教育和素质教育等。近年来，网络思想政治教育兴起，它着重通过网络这一新载体来开展思想政治教育，但主题仍然以传统主题为主。同时，近年来，网络道德教育逐渐为党和政府以及学界所重视，但主要还停留在研究和探索阶段，未能在新时代青年思想政治教育中广泛推广和实施。新时代青年网络自律意识教育，包括新时代青年网络道德自律意识教育、新时代青年网络法律自律意识教育、新时代青年网络交往自律意识教育，无论是在研究层面还是在实施层面，在新时代青年思想政治教育中，网络自律意识教育基本还是空白。可见，新时代青年网络自律意识教育必然推动思想政治教育开拓新主题。

二是新时代青年网络自律意识教育推动思想政治教育创新方法。新时代青年思想政治教育的传统方法主要包括理论教育法、实践锻炼法、榜样教育法、自我教育法、形象教育法等。新时代青年的网络行为发生在与我们传统社会生活方式迥异的网络社会环境，新时代青年网络行为的影响因素与传统社会有很大差异。面对新的环境、新的行为模式和新的问题，传统思想政治教育方法仍然是我们宝贵的财富，但不能完全沿用，我们必须在新的教育境遇和新的教育内容中寻找与创造新的、适合的、有效的新时代青年思想政治教育方法。可见，新时代青年网络自律意识教育必将推动思想政治教育创新方法。

三是新时代青年网络自律意识教育推动思想政治教育面对新环境。根据思想政治教育过程的"四要素"理论，教育环境是其中重要一环。如前所述，新时代青年网络行为发生在与传统社会迥异的网络环境中。网络环境与传统社会环境有何异同、网络环境下新时代青年网络自律意识有何特点、网络环境又会对新时代青年网络自律意识教育产生何种影响，这些都是值得新时代青年思想政治教育去研究和探讨的问题。要对新时代青年展开切实有效的网络自律意识教育，必须深入研究和探讨网络环境。新时代青年网络自律意识教育必将推动思想政治教育面对新环境。

四是新时代青年网络自律意识教育推动思想政治教育发挥新功能。主要体现在以下三个层面：①通过思想政治教育引导新时代青年在网络实践中逐步形成网络自律意识，将提高其网络道德自律意识水平、网络法律自律意识水平和网络交往自律意识水平。②新时代青年的网络自律意识水平的提高，将有利于构建一个和谐的网络社会，有利于维护网络社会中各相关行为主体的权利和利益。③新时代青年网络自律意识的提高，将有利于新时代青年世界观、人生观和价值观的进一步升华，从而促进新时代青年的健康成长，为国家和民族的未来培养更多既能高效利用网络资源又能自觉维护网络社会秩序的优秀人才，为实现中国特色社会主义的伟大事业做出贡献。

三、网络自律意识教育是优化网络环境的需要

在当前社会环境下，通过不断加强青年群体的网络自律意识培养，能够构建积极、健康、和谐、文明的网络文化环境。网络环境不断得到优化，网络文明不断构建和完善，一方面是网络建设和媒体建设过程中不可忽略的重要内容；另一方面是中国乃至全世界广大网民的共同义务和责任，特别是肩负着建设繁荣昌盛和兴旺发达国家任务的新时代青年。

网络世界是一个没有明确边界和界限的虚拟公共空间，中国乃至全世界的网民在网络上发表自认为正确的言论应该遵守网络安全和网络管理的相应规则。只有这样，才能在全社会达成一种公平有序、平等互动、尊重他人、增强自律的网络交往共识。欧美一些发达国家在这方面做了许多有益的尝试，逐步建立起一套行之有效的方法，如对青少年群体的网络参与和网络交往行为进行适当限制，采取一定的保护手段；对网络游戏和其他网络信息进行等级划分，过滤不健康、不文明的网络信息；采取网络黑名单方式进行网民的身份认定与管理；等等。这些方法值得总结和借鉴。

优化网络环境需要广大网民的积极参与，尤其是在校大学生网民的集体自律。首先，各高等学校要加强网络文明建设，对于在校大学生日常上网行为要有正确有效的监督管理办法，既不能严令禁止，也不能肆意放纵。其次，家长和老师须努力提升自己的思想道德素质，指导新时代青年合理上网，在工作生活空余时间，要有意识地加强和学生的交流，更好地了解学生所思所想，和学生做朋友。另外，青年学生要严于律己，不把网络当成娱乐和打发时间的方式，要通过网络不断丰富自己的学识，开拓学习的有效途径，借助网络平台获取信息，不沉迷于网络游戏，坚决抵制黄色及不健康的网络信息。各类学校日常管理工作要细化，实行分类指导，分阶段、分性别、分年龄，采用多元有效的监管形式，尤其针对12岁以下小学生更要注意方式方法，采用管控、奖惩、劝导等方式进行有效教育引导。当然，对12岁以上的初中学生、高中学生、大学生等新时代青少年则要采取更加合理有效的方式进行指导，如提建议、乐分享、勤沟通等。

现阶段，在建设中国特色社会主义的过程中，一个基本任务是要全面

构建和谐社会。构建和谐社会包括很多内容,其中就包含网络社会的和谐。网络社会的和谐,是一项宏大的系统性工程。这里的和谐,不仅包含现实生活中人与人之间关系的和谐,还包含在虚拟世界中人与人之间关系的和谐。随着网络监管的不断完善,在社会各界的共同努力下,我国的网络监管工作、网络安全工作和网络文明建设工作等取得了令人瞩目的成绩,但仍存在很多有待解决的问题,概括如下:网络安全与网络文明相关的教育成果不显著;主流网络文化的整体影响力相对较弱、网络文化建设面临瓶颈;中小学生和大学生的网络心理健康问题依然存在,心理健康事件时有发生,青年心理健康水平参差不齐;政府、学校乃至社会对青少年网络参与和网络行为的监管力度不够。从这个意义上说,我们必须在立法、教育、技术等方面加大整治力度,在执行层次上采取更加强有力的网络管理办法,家庭、学校和社会等要努力配合相关部门加强网络文明建设,营造积极向上、健康安全的和谐氛围。

新时代青年是在网络中成长起来的,他们每天都能够从网络世界中获取各种各样的信息,这些信息深刻地影响着青年群体的世界观、人生观和价值观,甚至塑造着他们的信仰。因此,学校所面对的思想政治教育环境发生了根本变化,思想教育的形式也发生了变化。如何更好地引领新时代青年群体的思想,成为很大的挑战。首先是理想信仰危机。网络平台为新时代青年提供了一个展示自我的广阔平台,但新时代青年的网络自律意识、网络世界的道德约束感不断降低。其次是价值观被不良媒体误导。再次是社会道德情感淡漠。随着现代化、信息化、网络化和城镇化的不断发展,在现实世界中,人与人之间的情感逐渐淡化。

互联网影响政治、经济、社会、文化等各个领域,在很大程度上重新塑造了人们的生活方式、学习方式以及社会交往方式,一方面带来无限机遇,另一方面也带来巨大挑战。随着互联网的深入发展,互联网产生的社会问题不断凸显:低俗信息泛滥成灾,西方国家在意识形态领域对我国的渗透不断加剧,不文明、不礼貌的网络攻击随处可见,境内外犯罪分子利用互联网进行各种形式的诈骗和犯罪行为防不胜防。尽管党和政府加大了对网络社会及网络行为的治理与监管力度,但还未形成一整套网络监管工作机制和科学合理的网络监管办法。因此，从这个意义上讲，新时代青年网络自律的养成有其必要性和紧迫性。

四、网络自律意识教育有助于社会治理能力提升

据相关数据资料，截至 2017 年 12 月，中国网民数量已经达到了 7.72 亿，与 2016 年相比，同比增长了 2.6%。由此可以看出，互联网已渗透至普通人工作和生活的方方面面，从这个意义上说，中国已经成为一个网络大国，并开始向网络强国前进。党的十八大以来，习近平总书记非常关心互联网技术的应用和发展，他在不同场合多次就如何更好地促进互联网行业的发展做出高屋建瓴的指导。在党的十九大会议上，习近平总书记多次提及互联网。他指出，各级政府要不断贯彻党中央和国务院提出的新发展理念，在各个领域积极作为，努力为实现网络强国的宏伟目标提供各种各样的、力所能及的支持。互联网技术的应用能力和互联网技术的研发能力，在很大程度上已经成为衡量一个国家综合实力大小、国际地位高低、国家竞争力强弱的关键指标，互联网技术的发展程度与发展趋势日益影响着普通人的工作质量和生活质量。因此，从这个意义上讲，网络虚拟空间也是一种公共空间，对互联网的维护和管理，不仅是相关政府部门要承担的义务和责任，也是使用互联网进行社交与传播信息的广大网民的义务和责任。只有提升网民的网络自律性，才能塑造好网络道德、营造好网络环境。但是，一直以来，网络安全问题未被划入传统的安全威胁范围。网络隐私泄露、网络黑客攻击、网络病毒传播、网络信息盗取、网络淫秽色情内容的传播、网民行为失范等影响网络安全的行为，大大妨碍了新时代青年正常的网络社交和网络学习，网络安全治理的紧迫性和重要性凸显。习近平总书记在多个重要场合强调，进行网络生态空间建设非常重要，指出要动员社会各界力量去营造良好的网络生态空间。网络生态空间的综合治理成为中国社会治理的重要方面。我国在网络社会治理方面虽取得了一定的成效，但网络生态空间治理仍存在不少问题。喻国明教授特别指出，要更加注重网络空间治理所呈现出来的行为主体建设，政府部门无法替代广大网络用户。

换句话说，和谐的网络生态环境和网络空间建设既需要立法部门的立法、政府部门的监管，也需要发挥全体人民在维护网络安全、网络监管方面的主动性和积极性，鼓励广大网民群体在使用网络过程中自觉维护网络空间生态和空间秩序。广大网民要积极响应党和国家对构建清朗网络空间的呼吁，并根植于网络参与和网络行为中。广大网民要实现真正的网络自律，需要具备对网络行为规章制度和基本规范等制度层面内容的认知能力，以及在此基础上形成的理性思考能力。唯有如此，才能真正减少广大网民网络失范行为。值得一提的是，网络自律与互联网法律法规是相辅相成、相互促进的关系，只有配合法律法规的实施，才能取得一定的成效。

五、网络自律意识教育助推网络文明建设

网络自律意识的养成教育，对新时代青年群体而言很重要，是网络文明建设的重要组成部分，也是网络文明建设的重要出发点和根本着力点。网络自律意识的养成教育，从本质上而言，就是不断强化广大网民的道德自律，不断强化广大网民在意识形态层面的自律。从原因上来说，主要包括以下两个方面。

一是当前我国高等院校的思想政治教育工作面临着重大挑战。

二是网络道德的他律性需要进一步强化。在自律的同时，需要继续强化他律在网络道德建设过程中的重要作用。我们知道，网络自律和网络他律相互影响，网络自律行为在网络他律不断强化中得到完善。只有继续强调网络他律，完善相关的网络法律法规、网络制度建设等他律系统，才能更好地促进网络自律，提升新时代青年的网络自律水平。

第二章

新时代青年网络自律意识的基本特征

第二章 新时代青年网络自律意识的基本特征

把握网络自律意识的基本特征，是创新新时代网络自律意识教育的基本依据。因此，要提出科学合理又行之有效的新时代青年网络自律意识教育对策，必须首先把握新时代青年网络自律意识的基本特征。本章根据前述对网络自律意识类型分析，结合调查数据探讨新时代青年网络道德自律意识、网络法律自律意识和网络交往自律意识的基本特征。

第一节 新时代青年网络自律意识的基本特征

一、新时代青年网络道德自律意识的基本特征

新时代青年的网络行为失范首先表现在其网络道德的失范上，因此探析新时代青年网络道德自律意识的基本特征既是把握新时代青年网络道德失范的原因，又是加强网络道德自律意识教育，提高新时代青年网络道德自律意识，促进新时代青年网络行为自律的基本前提。根据前述对网络道德自律意识概念的界定，我们认为，新时代青年网络道德自律意识是指新时代青年作为网络行为主体基于网络社会整体利益的需要和认识，自愿地认同网络社会的道德规范并结合自身实际自觉遵守网络道德的思想或观念。新时代青年网络道德自律意识的形成，本质上是个体道德心理的形成和发展过程。在教育心理学的论域中，个体的道德心理由道德认知、道德情感和道德意志三个方面构成，其中道德认知是前提，道德情感是核心，道德意志是关键。基于上述认识，本书通过网络道德认知、网络道德情感和网络道德意志三个维度来考察新时代青年的网络道德自律意识的基本

特征。

1. 新时代青年的网络道德认知：清晰与模糊并存

新时代青年在网络实践中能否自律，前提是其对网络道德是否有正确的认知。换句话说，新时代青年的网络道德认知是网络自律意识形成的基础。网络道德是整个社会道德的一个组成部分，要把握网络道德认知，前提是准确理解道德认知。教育心理学认为道德认知是个体道德心理的基础，是道德行为的出发点。个体道德认知是指自我对一定的道德规范及其所蕴含的道德必然性和道德规律的认识，是对道德事实和道德现象的个体性把握。其功能在于，以道德理想、道德信念、道德修养和道德行为方式为中介，将社会道德应然性及时、恰当、有效地转化为认知——行为主体的道德行为，实现德心与德行的结合，塑造和养成人的德性，从而以"实践—精神"的方式来把握世界。[①]

根据上述理解，我们认为，新时代青年的网络道德认知是指新时代青年自身对网络社会道德规范及其所蕴含的网络道德必然性和网络道德规律的认识，是新时代青年对网络社会中的道德事实和道德现象的把握。新时代青年网络道德认知的功能体现在将网络道德的应然性有效地转化为新时代青年的网络道德行为，培养新时代青年的"网德"。认知是道德规范的内化和道德自律行为的先导和基础，主要起理性指导的作用。不难看出，新时代青年网络道德认知的清晰度是新时代青年能否形成网络自律意识并实现网络行为自律的重要前提和基础。网络道德认知水平低的新时代青年，不大可能形成强的网络道德自律意识，更别说网络自律行为。也就是说，新时代青年网络失范行为与网络行为主体对网络道德认知的清晰度有关。

目前，关于网络社会及网络行为的特征，网络的虚拟性和匿名性为学界和社会广泛认同，且认为这两个特征一方面是个体自由的重大进步，另一方面是网络行为失范甚至网络犯罪的重要客体性根源。网络行为的虚拟性使得很多网络行为主体误认为在网络中无须为自己的行为负责。当前，

---

① 窦炎国. 论道德认知 [J]. 西北师大学报（社会科学版），2004（6）：15-20.

新时代青年对网络道德是如何认知的呢？笔者在问卷调查中设计了"'网上的行为是虚拟的，所以无所谓道德不道德。'您赞同这一观点吗？"这样一个问题来测量。如表2-1所示，新时代青年对这一观点持"非常不赞同"态度的为18.8%，持"比较不赞同"态度的为25.4%，持"基本赞同"态度的为40.3%，持"非常赞同"态度的为15.5%。其中后两项之和达55.8%，说明有55.8%的被访者认为网络社会是一个无关道德的社会，44.2%的被访者则持相反观点。这表明超过50.0%被访者对网络社会的道德认知是模糊的，只有40.0%多的被访者对网络道德的认知是清晰准确的。

表2-1　新时代青年对于网络道德的认知（N=558）　　　　　（%）

观点	非常不赞同	比较不赞同	基本赞同	非常赞同
网上的行为是虚拟的，所以无所谓道德不道德	18.8	25.4	40.3	15.5

匿名性是导致网络行为失范的技术性根源，网络行为的匿名性使得网络行为主体误认为"身体不在场"而网络失范行为无法受到谴责和惩罚。当人们觉得其他人永远都不可能知道"你是谁"时，也就是匿名性条件得到满足时，网络行为主体在很大程度上就会变得肆无忌惮。在网络环境下，人们更倾向于放松自己的行为。[1] 笔者在调查问卷中设计了青年对"网络聊天时，有人说脏话或者口头对别人进行人身攻击"这种现象的态度来测量新时代青年的网络道德认知。如表2-2所示，认为"无法容忍，应该制止"的占36.4%、认为"可以容忍，不必介意"的占23.0%，认为"无所谓，大家都这样"的占35.6%，认为"说不清"的占5.0%。其中第二项和第三项之和达58.6%，说明有近60.0%的被访者认同甚至在行为上接受了"网络行为无须负责任"。

表2-2　新时代青年对网络道德的评价（N=558）　　　　　（%）

观点	无法容忍，应该制止	可以容忍，不必介意	无所谓，大家都这样	说不清
网络聊天时，有人说脏话或者口头对别人进行人身攻击	36.4	23.0	35.6	5.0

---

[1] 华莱士，谢影，苟建新. 互联网心理学 [M]. 北京：中国轻工业出版社，2001：206.

由此可见，新时代青年的网络道德认知总体而言是清晰和模糊并存。部分青年的网络道德认知模糊，难以形成网络自律意识，其网络行为的自律性无法保障。

2. 新时代青年的网络道德情感：稳定与多变并存

形成和建立网络道德自律意识，网络道德认知是基础，网络道德情感是关键。情感作为一种内心的体验，有正反向强化个体的道德自律意识和行为的作用。从概念上讲，网络道德情感是道德情感的一种具体形式，对网络道德情感的把握须建立在对道德情感把握的基础上。道德情感是个体道德心理的核心成分，是与人的道德需要和道德目的密切相关的一种道德心理活动。通常情况下，道德情感更多的是一种内心体验，即指网络个体根据现有的社会道德规范评价自己或他人行为过程中所产生的一种内心体验。它是品德的重要组成部分，是道德认识和道德行为的中介变量，道德认识只有与道德情感相结合，才会产生道德动机，从而推动、控制和调节道德行为。① 新时代青年在网络活动中，会面对各种各样的道德情境、道德事件、道德现象，如对其他网络行为主体的行为评价，对网上盛传的道德现象的评价，等等。在评价过程中，总会依据一定的道德规范做出或者肯定或者否定的判断，从而产生某种内心的体验，即为网络道德情感。因此，网络道德情感是指网络行为主体在一定的网络道德情境中依据道德规范对某种道德现象或行为进行评价时的一种内心体验。这种内心体验可以是认同或不认同，高兴或不高兴，愤怒或不愤怒，等等。网络道德要从他律转向自律，必然经历一个网络道德内化过程。网络道德内化的过程，既需要网络道德认知作为理性启迪，又需要网络道德情感充当催化剂。因为"情感是生命最为内核的东西，它是最率真、最个性的品性，是极不易伪装的东西，只有用率真的情感才能表现出人的行为是否真诚的、自愿的"。② 从功能上看，新时代青年的网络道德情感有助于深化个体的道德认

---

① 陈宁. 当代大学生道德情感现状调查及教育研究：以上海市部分高等学校为例 [J]. 思想教育研究, 2011 (6): 23.
② 朱小蔓. 育德是教育的灵魂，动情是德育的关键 [J]. 教育研究, 2000, 21 (4): 7-8.

知，同时是新时代青年进行网络道德评价的感性因素。个人的道德行为本身包含着理性和感性因素。笔者在调查问卷中设计了对"网络上的色情内容特别令人讨厌，我特别痛恨"这一观点的态度来了解新时代青年对网络色情的道德情感倾向。如表2-3所示，新时代青年对这一观点持"非常不赞同"态度的为22.1%，持"比较不赞同"态度的为24.5%，持"基本赞同"态度的为38.2%，持"非常赞同"态度的为15.2%。其中前两项之和达46.6%，表明有46.6%的被访者认为网络上的色情内容并不令人反感，他们并不痛恨网络色情，53.4%的被访者则持相反观点。这说明有近半数的新时代青年对网络色情内容持并不反感甚至非常支持的态度和情感。这就能够说明为什么有部分新时代青年网民对网络色情内容流连忘返。正是这种对网络色情内容不反感的态度和情感弱化了新时代青年的网络自律意识，进而影响着他们的行为。由此可见，新时代青年对网络道德的情感，既有稳定的一面，也有多变的一面。

表2-3　新时代青年对待网络道德的情感（N=558）　　　　（%）

观点	非常不赞同	比较不赞同	基本赞同	非常赞同
网络上的色情内容特别令人讨厌，我特别痛恨	22.1	24.5	38.2	15.2

3. 新时代青年的网络道德意志：坚定与脆弱并存

由于网络法规的不健全，不良信息和不道德行为难免充斥其中。网络行为主体在面对不良信息和不道德行为时，要做到道德自律，不仅需要清晰的网络道德认知和强烈的网络道德情感为基础，还需要坚定的网络道德意志作为保障。在道德心理学范畴中，个体道德意志是道德主体在具体的道德情境中，做出道德决断并付诸实践的能力。具体而言，道德意志是指道德主体在道德活动中为履行一定的道德责任和义务，根据一定的道德规范来支配、调节、控制自身道德观念和道德行为，克服困难、消除障碍，从而实现预定目标的精神力量和心理过程。[①] 从功能上看，道德意志能够

---

① 沈永福，张友国. 论道德意志的功能［J］. 首都师范大学学报（社会科学版），2011(6)：22.

使道德主体按照道德规范的要求，经过内心的矛盾斗争，用正确的道德观念战胜错误的道德观念，从而实现道德观念和道德行为上的自律。也就是说，道德意志力强的主体，有较强的心理承受能力、自制力和克制力。在网络活动中，网络行为主体的网络道德意志的坚定程度决定其行为的自律程度，网络道德意志是网络道德自律意识的重要组成部分。基于上述理解，我们将网络道德意志理解为网络行为主体在网络活动中面对一定网络道德情境时，根据自身对网络道德规范的理解，用正确的道德理念去战胜错误的道德观念，是一种需要主体克服各种欲望、战胜各种诱惑的精神力量。网络社会是一个陌生人社会，熟人社会中的伦理道德规范被网络社会的虚拟性、匿名性所瓦解，外在的规制和约束减弱甚至不存在，网络行为主体的网络道德意志坚定程度成为其行为自律的重要堡垒。部分青年沉迷于网络游戏、网络聊天、视频交友等活动，甚至进行网络犯罪等严重的网络失范行为，很大程度上与其自身网络道德意志力不强高度相关。笔者在调查问卷中设计了"我想控制或停止上网但没有成功"这一状态问题来测量新时代青年的网络沉迷倾向，考察新时代青年的网络道德意志力。如表2-4所示，被访者认为与"我想控制或停止上网但没有成功"这一状态"完全不相符""不太相符"的分别为13.6%和28.1%，认为"基本相符""完全相符"的分别为44.0%和14.3%。该数据表明，被访的新时代青年中58.3%的人有"我想控制或停止上网但没有成功"的网络沉迷倾向。可见，部分新时代青年网络道德意志力比较脆弱。

总体而言，新时代青年的网络道德意志呈现出坚定与脆弱并存的特征。

表 2-4　新时代青年对待网络道德的意志（N=558）　　　　（%）

观点	完全不相符	不太相符	基本相符	完全相符
我想控制或停止上网但没有成功	13.6	28.1	44.0	14.3

通过以上三个维度对新时代青年网络道德自律意识进行考察发现，新时代青年的网络道德认知、网络道德情感和网络道德意志分别呈现出清晰与模糊并存、稳定与多变并存、坚定与脆弱并存的特征。从新时代青年自

身的角度揭示了网络道德失范的现状和原因，启示我们加强新时代青年的网络道德自律意识教育的重要性和迫切性。

二、新时代青年网络法律自律意识的基本特征

新时代青年的网络行为失范还表现在网络法规的失范上，因此探析新时代青年的网络法律自律意识的基本特征，既是把握网络法规失范的原因，也是加强网络自律意识教育，提高新时代青年网络自律意识，促进新时代青年网络行为自律的基本前提。新时代青年网络行为失范的一个重要表现是，新时代青年在网络活动中违反网络法律、法规或者学校层面的纪律。新时代青年违反网络法规的行为多样：如有的在网络上散布虚假信息、发布不负责任的言论、进行不负责任的网络评价；有的通过网络观看、复制、下载、传播色情视频、图片和信息；有的甚至通过网络制造、传播计算机病毒以及实施黑客行为；等等。从本质上看，上述新时代青年违反法律法规的网络行为，都与新时代青年对网络法律法规的认知、遵守及对网络安全认识不深有关，即与缺乏网络自律意识相关。根据网络自律意识概念的界定，我们认为，新时代青年网络法律自律意识是指新时代青年作为网络行为主体基于网络社会整体利益的需要和认识，自愿地认同网络社会的法律规范并结合自身实际自觉遵守网络法规的思想或观念。新时代青年的网络法律自律意识包括对网络法规的认知意识、对网络法规的遵守意识以及在网络环境中的安全意识。因此，要实现自觉遵守网络法规，就需要网络行为主体形成网络法律自律意识，包括对网络法律规范的认知意识、对网络法规规范的遵守意识和对网络安全的认知意识三个方面。基于以上理解，我们从新时代青年的网络知法意识、网络守法意识和网络安全意识三个方面来考察新时代青年网络法律自律意识的基本特征。

1. *新时代青年的网络知法意识：浓烈与淡薄共生*

网络行为主体要形成网络活动中自觉用法律法规来规范自己行为的意识，前提是其有相关的法律法规知识，能清晰地知晓相关法律法规对个体享有权利和承担义务的规定。这既是网络行为主体网络法律自律意识的基

本构成，也是网络行为主体行为自律的基本前提。在法学和法学教育领域，一般认为法律认知是完整的法律意识的重要构件，是行为主体自觉按照法律规范办事的基本前提。基于此，我们认为，新时代青年网络知法意识是指新时代青年对现行网络相关法律法规的了解和把握程度，其核心是掌握相关法律法规对网络行为主体权利和义务的规定。网络行为主体只有掌握了自身在网络环境中的权利和义务，才有可能正确行使自己的权利，自觉履行法定的义务。由于新时代青年对法律的了解和认识主要来自学校教育，且相当有限；由于新时代青年涉世未深，对与日常生活联系紧密的法律法规知之甚少；由于网络法律法规建设相对滞后，网络法律法规宣传不够，新时代青年对网络法律法规的认知水平不高。

目前，我国已经建立了较完整的网络法律规范框架，包括法律、行政法规、地方性法规和规章、规范性文件四个层次。法律是指由全国人民代表大会及其常务委员会通过的法律规范。规章是指国务院各部、委根据法律和国务院行政法规，在部门权限内制定的法律规范，以及省、自治区、直辖市和较大的市人民政府根据法律、行政性法规和本省、自治区和直辖市的地方性法规制定的法律规范。笔者在调查问卷中针对与新时代青年网络行为密切相关的《中华人民共和国计算机信息网络国际互联网管理暂行规定》《互联网文化管理暂行规定》《全国青少年网络文明公约》三部法律或行为规范，分"完全不了解""不太了解""基本了解""非常了解"四个层级来测量新时代青年的网络知法意识。如表2-5所示，总体而言，被访者对三部法律规范的认知程度较低。最高的对《全国青少年网络文明公约》"基本了解"或"非常了解"的达到了75.9%，最低的对《互联网文化管理暂行规定》的了解程度仅为39.5%，而对《中华人民共和国计算机信息网络国际互联网管理暂行规定》"基本了解"或"非常了解"的被访者为47.2%。由此可见，新时代青年对网络法规的认知程度不高，法律意识总体呈现出浓烈与淡薄共生的态势。新时代青年作为网络行为的主体，对于基本的网络法律规范认知有限，我们又如何期求他们在网络活动中具有自觉守法的意识和行为呢？上述调查结果启示我们，加强新时代青年网络知法遵法教育是形势发展的迫切要求。

表2-5　新时代青年对网络法规的认知（N=558）　　（%）

相关法律、法规	完全不了解	不太了解	基本了解	非常了解
《中华人民共和国计算机信息网络国际互联网管理暂行规定》	9.6	43.2	39.2	8.0
《互联网文化管理暂行规定》	18.9	41.6	29.5	10.0
《全国青少年网络文明公约》	4.6	19.5	61.7	14.2

2. 新时代青年的网络守法意识：牢固与薄弱共生

党的十八大报告突出强调要全面推进依法治国，深入开展法治宣传教育，弘扬社会主义法治精神，树立社会主义法治理念，增强全体社会公民学法、懂法、守法及用法的意识。强化新时代青年的网络行为自律，不仅需要新时代青年知法、懂法，更重要的是守法，守法才是目的。因此，新时代青年的网络自律意识不仅包括网络知法意识，还包括网络守法意识。什么是守法意识呢？守法意识是指行为主体对国家法律法规的认可程度和对自身行为应该符合法律法规要求的明确认知。我们可以将新时代青年的网络守法意识理解为新时代青年在网络生活中对相关网络法规的认可程度和对自身的网络行为符合法律法规要求的明确认知。新时代青年只有具有网络守法意识，才可能在无人监管的状态下实现网络行为的自律。守法意识的生成构件包含两个重要方面：一是行为主体要找到守法的理由，即遵守法律的正当性；二是行为主体要有对法律的信仰，即对法律的一种尊崇敬仰的态度，一种自愿接受法律约束的姿态，并相信法律是对所有行为主体权益的保障。

目前，网络已经成为新时代青年学习、生活、休闲和娱乐不可或缺的重要方式，随着网络使用频率的提高，网络违法犯罪也日益增多。相关研究表明，剽窃侵犯他人著作权、利用网络不法交易牟取利益、盗用他人QQ和邮箱侵犯他人隐私、恶意攻击诽谤他人、浏览和传播不良信息等，是新时代青年网络违法犯罪的主要表现。新时代青年网络行为的失范，与其守法意识淡薄直接相关。笔者在调查问卷中以"上网过程中每个网民都应遵守网络法规"这一观点来测试新时代青年的网络守法意识情况。结果如表 2-6 所示，被访者对这一观点表示"基本同意""同意"的分别占 27.3% 和 24.7%，表示"基本不同意""不太同意"的分别占 19.4% 和 28.6%。总体而言，超过半数的被访者认为上网过程中每个网民都应该遵守网络法规，守法意识是牢固的。但还有 48.0% 的被访者不认同上述观点，守法意识相对薄弱。因此，我们认为，新时代青年的网络守法意识是牢固和薄弱共生。

表 2-6　新时代青年对遵守网络法规的认识（N=558）　　（%）

观点	基本不同意	不太同意	基本同意	同意
上网过程中每个网民都应遵守网络法规	19.4	28.6	27.3	24.7

3. 新时代青年的网络安全意识：明确与含糊共生

随着互联网技术的迅速发展，网络作为一种学习、工作和生活的基本工具得到广泛应用，网络安全问题日益突出。网络欺诈、网络钓鱼、身份盗用、垃圾软件、恶意邮件、网络骚扰和网络暴力等问题日益严重。新时代青年在日常学习、生活中要经常使用网络。尽管从知识层面上讲，新时代青年的网络信息技术基础较好，但是新时代青年涉世未深，生活经验和社会阅历不足，网络安全和防范意识不强。因此，网络法律自律意识，不仅包括网络知法意识、网络守法意识，还应该包括网络安全意识。新时代青年的网络安全意识是指新时代青年在网络生活中要有安全使用网络的意识。具体地说，就是在使用网络的过程中，新时代青年要对有可能对自己或者他人造成伤害或者损失的外在环境因素保持高度戒备和警觉的心理状态。

近年来，很多国家明确提出，保障国家网络安全是包括普通用户、企业、政府部门、学界和科研机构的共同责任。[1] 国内相关研究也表明，新时代青年普遍对于网络安全没有足够认识，不清楚网络安全的重要性及如何防范。无论是在基础知识上还是实际操作上，强化新时代青年网络安全

---

[1] 张慧敏. 国外全民网络安全意识教育综述 [J]. 信息系统工程, 2012 (1): 41.

意识迫在眉睫。① 同时，网络安全意识薄弱，相关知识、技能的缺乏阻碍了新时代青年对网络的进一步利用。② 笔者在调查问卷中通过设置"在公共场所上网后不及时关闭 QQ 或者邮箱""应邀与网友见面"两个问题来测试新时代青年对网络危险行为的认识，从而了解新时代青年的网络安全意识水平。如表 2-7 所示，对"在公共场所上网后不及时关闭 QQ 或者邮箱"是否为危险行为持"基本同意"或"同意"态度的被访者占 53.3%，对"应邀与网友见面"是否为危险行为持"基本同意"或"同意"态度的占 54.4%，仅有过半的新时代青年认为这两种行为是危险的，超过 40.0% 的新时代青年并没有认识到这两种行为的危险性。因此，总体而言，新时代青年的网络安全认识呈现出明确和含糊共生的特点，说明加强新时代青年网络安全意识教育、网络自律意识教育的重要性。

表 2-7　您认为下列行为是网络危险行为吗（N=558）　　　　（%）

观点	基本不同意	不太同意	基本同意	同意
在公共场所上网后不及时关闭 QQ 或者邮箱	15.9	30.8	36.2	17.1
应邀与网友见面	18.7	26.9	22.6	31.8

通过以上三个维度对新时代青年网络自律意识进行考察，发现新时代青年的网络知法意识、网络守法意识和网络安全意识分别呈现出浓烈与淡薄共生、牢固与薄弱共生、明确与含糊共生的特征。这在一定程度上说明了加强新时代青年网络自律意识教育的重要性，也启示我们教育的发展方向和基本内容。

三、新时代青年网络交往自律意识的基本特征

新时代青年的网络行为失范包括网络交往行为失范，因此，探析新时代青年的网络交往自律意识的基本特征既是了解新时代青年网络交往行为

---

① 欧阳自谦，高冠东，许喆，等. 强化新时代青年网络安全意识的研究［J］. 福建电脑，2012，28（8）：23-25.

② 骆懿玲. 新时代青年网络安全意识现状调查及对策［J］. 中山大学学报论丛，2006，26（12）：105-107.

失范的原因，又是加强网络交往自律意识教育，提高新时代青年网络交往自律意识，促进新时代青年网络行为自律的基本前提。网络交往是伴随着网络出现的一种有别于现实交往的交往方式，有广义和狭义之分。广义的网络交往指与互联网有关且以信息传输交换为基础的行为；而狭义的网络交往是指网络终端背后的人际交往。换言之，网络交往就是在网络虚拟空间进行的人与人之间的信息沟通及情感交流，并相互影响建立一定人际关系的方式。① 本书从狭义上来理解网络交往，即指新时代青年通过网络进行的一种人际交往方式。作为一种有别于现实交往的新型交往方式，诸多学者对其特点、形式及影响开展研究。一般认为，网络交往较于传统交往具有交往范围的全球性和超时空性、交往对象的广泛性与复杂性、交往过程的虚拟性和匿名性、交往心态的平等性、交往方式的快捷便利性、交往内容的简洁多样性、交往关系的虚实转换性等。② 网络交往形式主要有电子公告牌（BBS）、网上论坛、网上聊天、网上电话、电子邮件、网络社区、游戏社区等。网络交往具有双重影响：积极方面为交往空间的广阔性有利于提升新时代青年的交往能力，交往对象、交往方式的多样性有利于培养新时代青年的自主能力和自我管理能力；消极方面为网络交往容易为犯罪分子所利用，网络交往使网络信息污染问题突出、青少年的健康成长面临更多的危险等。

由于网络交往的特点及新时代青年自身的特点，新时代青年在网络交往中面临一定的风险。如果新时代青年网络交往自律意识不强，则容易出现沉溺于网络交往而忽视现实交往，因交往不慎蒙受经济损害、遭受精神甚至身体上的伤害。因此，网络交往自律意识是新时代青年网络自律意识的重要构成部分，把握新时代青年网络自律意识的特征需要进一步考察新时代青年网络交往自律的特征。根据网络交往的特点，并结合网络交往自律意识的内涵，本书认为新时代青年网络交往自律意识，是指新时代青年作为网络行为主体基于对网络社会整体利益的需要和认识，自愿地认同网

---

① 闫金山. 新时代青年网络交往对心理健康影响的研究［D］. 哈尔滨：哈尔滨工程大学，2007.
② 李臣. 网络交往研究综述［J］. 和田师范专科学校学报，2012（3）.

络社会的交往规范并结合自身实际自觉遵守网络行为规范的思想或观念。网络交往认知、网络交往动机和网络交往诚信是新时代青年网络交往中容易出现偏差的方面。因此，本书主要从网络交往认知、网络交往动机和网络交往诚信三个方面来考察新时代青年的网络交往自律意识。

1. 新时代青年的网络交往认知：准确与偏差共存

要让新时代青年在网络交往中具有自律意识、自律行为，基本前提是其对网络交往这种新型的交往方式的优势和负面影响，尤其是可能面临的风险有清晰的认知。网络交往的主要优势是快捷、方便，有利于扩大交往面和提升交往能力等；负面影响是长时间网络交往容易使人沉迷对身体健康不利，网络诱惑、欺诈等违纪违法行为容易对新时代青年造成伤害。基于以上认识，我们认为新时代青年的网络交往自律认知意识，是指新时代青年对网络人际交往本质和特点的认知状况，尤其是对网络人际交往存在的风险的认识和警觉意识。网络人际交往的风险主要在于网络虚拟交往向现实交往的转换。在网络人际交往中，网络行为主体通过网络社交工具如QQ、微信、陌陌和漂流瓶等进行虚拟人际交往。由于虚拟交往的匿名性，具有不良动机的网络社交猎手将个人的真实身份和信息掩盖，如果交往对象没有高度的警惕性，就很容易被俘获，进而将虚拟交往转换成现实交往。风险往往存在于这一转换过程中，一些网络社交猎手趁此下手，骗财、骗色。新时代青年涉世不深、好奇感强、分辨和识别能力低，易成为网络社交猎手的猎物。因此，网络交往风险的认知是保障网络人际交往安全的基本前提。那么，新时代青年对网络交往的认知尤其是对网络交往的风险的认知状况如何呢？笔者在调查问卷中设置"网络交往不同于现实交往，存在一定风险"这个问题来测试新时代青年对网络交往风险的认识。结果如表2-8所示，被访者对此表示"基本同意"和"同意"的占比56.9%，表示"基本不同意"和"不太同意"的占比43.1%，说明有超过40.0%的新时代青年认为网络交往基本上没有风险。由于对网络交往的风险认识不充分，有些新时代青年在和陌生人交往时很容易将个人信息泄漏，甚至轻信对方，从而给自己带来损失甚至伤害。总体而言，大部分新时代青年对网络交往的认知是准确的，但也有相当部分的青年出现认知偏差，呈现新时代青年对网络交往认知准确与偏差共存的状况。

表 2-8　新时代青年对网络交往风险的认知（N=558）　　（%）

观点	基本不同意	不太同意	基本同意	同意
网络交往不同于现实交往，存在一定风险	10.2	32.9	41.1	15.8

2. 新时代青年的网络交往动机：单纯与复杂共存

新时代青年网络交往的目的或者动机因个体自身情况不同而不同。网络交往行为失范，往往是由网络交往行为主体的交往动机不良引起。有研究者认为，由于网民的年龄、知识结构等不同，网民的网络使用需求和行为不同，网络交往的动机也会不同。综合相关资料来看，网络用户的网络交往动机主要有以下几点：交流感情、寻求信息、锻炼求知、打发时间、获得帮助、娱乐、获得社会支持、逃避现实等。① 黄少华认为，网络交往动机是网络交往的心理基础和起点，而人的心理需要是网络交往动机产生的主要内因。这与人追求安全的需要、归属与爱的需要、尊重的需要以及自我实现的需要密切相关。② 由于网络具有虚拟性和匿名性，网络社会中人与人之间的交往是多种多样、复杂多变的，网络人际交往中动机不良者不在少数，因而与陌生人进行的网络交往具有一定的风险。这就要求网络行为主体对网络交往风险有一定的认识，且能够形成网络人际交往的自律意识。如此，既能保证自身的网络交往动机不会对他人的合法权利和利益造成损害，也能避免自身的权利和利益在网络人际交往中免遭损失。基于此，本书主要从网络人际交往自律的角度来理解网络交往动机。新时代青年网络交往动机自律意识，是指新时代青年作为网络行为主体保障自身网络人际交往动机的正当性与无害性的思想和观念，并对网络人际交往中的不良动机保持高度的自觉和警醒，以防止自身权益受损。那么，新

---

① 李臣. 网络交往研究综述 [J]. 和田师范专科学校学报，2012（3）.
② 迟新丽，张大均，吴明霞. 网络交往动机研究初探 [J]. 黑龙江教育学院学报，2009，28（2）：79-80.

时代青年的交往动机自律意识如何呢？本书选择"网恋"这个话题来测试新时代青年网络交往动机。"网恋"作为一种网络交往行为，是部分新时代青年网络生活的重要组成部分。互联网改变了人们恋爱的方式，网络的"无知之幕"阻挡了现实中恋爱的条条框框和规矩，具有虚拟性、安全性、间接性和隐蔽性等特点。人们在网络中可以自由自在、无拘无束，获得情感满足、心理愉悦，因而网恋成为恋爱的一种补充形式。但"网恋"存在诸多不利影响，如有些人在"网恋"中不能自拔，有些人通过"网恋""网婚"逃避现实中的婚姻和家庭责任，甚至有的人通过"网恋"实施犯罪等。新时代青年由于社会阅历不足，情感丰富，易成为网络不法分子侵犯的对象。笔者在调查问卷中设置"网恋，就是因为无聊而消磨时间，只是一种临时快乐"这个问题来测试新时代青年对"网恋"动机的认识，进而了解新时代青年的网络交往动机。结果如表2-9所示，被访者对此观点表示"基本同意"或"同意"的占23.8%，表示"基本不同意"或"不太同意"的占76.2%。该数据说明，大部分被访者能正确认识"网恋"，但还有超过20.0%的被访者对"网恋"的认识不正确，认为"网恋"只是因为无聊消磨时间，是一种临时寄托。认为网恋只是临时寄托，极有可能对"网恋"的对方造成精神上的伤害，还可能会遭遇网络诈骗等。可见，新时代青年的网络交往动机具有单纯与复杂共存的特点。

表2-9 新时代青年对网络交往动机的认知（N=558） （%）

观点	基本不同意	不太同意	基本同意	同意
网恋，就是因为无聊消磨时间，只是一种临时快乐	48.5	27.7	10.9	12.9

3. 新时代青年的网络交往诚信：醇厚与淡薄共存

新时代青年的网络交往自律，不仅建立在对网络交往的正确认知和网络交往动机的正当性上，还表现在网络交往的诚信上。诚信，是一个道德范畴，其基本含义是忠诚讲信用。诚信是中国传统道德的重要规范，立人之本。网络社会是现实社会的延伸，诚信理所当然是网络社会行为规范的重要组成部分。网络诚信，是网络行为主体（网民）应遵循的诚信原则和诚信规范以及基于网络而形成的伦理关系。① 网络交往诚信是网络诚信的重要内容和体现。新时代青年的网络交往行为失范，重要原因在于其网络交往诚信意识的缺失。因此，新时代青年网络交往自律，前提是要具有网络交往诚信意识。和网络交往动机自律一样，网络交往诚信意识包括两个方面：一是新时代青年作为网络交往的主体在网络交往过程中遵守忠诚讲信用的规范；二是新时代青年在网络交往中要对网络交往行为的诚信度有准确把握，慎重对待网络交往，在和他人的交往中注意防范网络不诚信行为。基于上述理解，新时代青年网络交往诚信自律意识，是指新时代青年作为网络交往主体要遵守网络交往诚信原则，并具备防范网络不诚信行为对自身权益可能造成的损害的意识。为了解新时代青年网络交往过程中诚信意识现状，笔者在调查问卷中设置了"在网上与陌生人聊天或交流的时候，您认为应该如何做？"这个问题，并设计了"全部讲真话""大多时候讲真话""偶尔讲真话""无须讲真话"四个选项。测试结果如表2-10所示，被访者回答"全部讲真话"和"大多时候讲真话"的分别占3.3%、21.7%，回答"偶尔讲真话"和"无须讲真话"的分别占29.4%、45.6%。该数据说明，75.0%的被访者认为在网络交往中只需偶尔讲真话或者无须讲真话，只有3.3%的被访者认为需要全部讲真话，21.7%的被访者认为需要大多时候讲真话。由此可见，新时代青年网络交往的诚信度较低，新时代青年的网络交往诚信总体上呈现醇厚与淡薄共存的特征。

表2-10 新时代青年对网络交往诚信的认识（N=558） （%）

态度	全部讲真话	大多时候讲真话	偶尔讲真话	无须讲真话
在网上与陌生人聊天或交流的时候，您认为应该如何做	3.3	21.7	29.4	45.6

通过以上三个维度对新时代青年网络交往自律意识进行考察，结果表明，新时代青年的网络交往认知意识、网络交往动机意识和网络交往诚信意识分别呈现出准确与偏差共存、单纯与复杂共存、醇厚与淡薄共存的特征。这在一定程度上启示我们加强新时代青年网络交往自律意识教育的重

---

① 李安庆. 新时代青年网络诚信教育研究 [D]. 曲阜：山东师范大学，2007.

要性，同时为我们指明了网络交往自律意识教育的方向和基本内容。

本章从网络道德自律意识、网络法律意识和网络交往自律意识三个方面，并结合调查数据对新时代青年网络自律意识的基本特征进行了分析，发现新时代青年网络道德自律意识呈现出认知的清晰与模糊并存、情感的稳定与多变并存、意志的坚定与脆弱并存等特征；新时代青年网络法律自律意识呈现出知法的浓烈与淡薄共生、守法的牢固与薄弱共生、安全意识的明确与含糊共生等特征；新时代青年网络交往自律意识呈现出认知的准确与偏差共存、动机的单纯与复杂共存、诚信的醇厚与淡薄共存等特征。

第二节 新时代青年网络自律意识方面存在的问题

一、新时代青年网络法律法规意识较为淡薄

网络法律法规的重要性不言而喻，不仅是新时代青年进行网络参与、网络互动等网络行为必须严格遵守的基本规范，也是新时代青年建立和强化网络自律认知的重要源头。一般认为，新时代青年群体网络自律认知是指青年作为独立的行为个体对网络行为的一种整体性意识和观念，是每一个新时代青年个体意识形态的重要体现。针对新时代青年是否了解相关的网络治理和监管文件调查显示，有71%左右的新时代青年表示不太了解，有13%左右的新时代青年表示基本了解，有10%左右的新时代青年表示完全不了解，仅有4%左右的新时代青年表示全部了解。这样的结果表明，大部分新时代青年在进行日常网络行为时并不了解现行的网络法律法规，只是依据一般性行为规范约束自己的网络行为。从短期来看，这并不会造成网络运行秩序的混乱，但如果不加以改变，长此以往，则容易导致新时代青年网络法律法规意识越来越薄弱，很多人在不知情的情况下做出违反网络法律法规的行为。新时代青年网络法律法规意识淡薄还集中表现在网络权益维护方面。当被问到在网络交往或网络活动中遭到网络攻击或网络侵权时，是否会利用网络法律法规维护自身权益时，有超过78%的新时代

青年表示嫌麻烦，没有对网络攻击和网络侵权行为采取维权措施。这充分说明新时代青年对现有的网络法律法规条文缺少认知，难以通过网络法律法规这种网络他律来强化和改进其网络自律意识，更谈不上维护自身合法权益。更有甚者，当被问到传播网络色情低俗信息等是否属于道德败坏行为时，有超过60%的新时代青年认为属于道德败坏行为，有超过30%的新时代青年认为不属于道德败坏行为，有不到10%的新时代青年不清楚这种行为是否属于道德败坏行为。表明新时代青年对网络行为的认知远远没有达到理性的高度，不少青年人尚未形成正确的、健康的网络行为价值观念，甚至对传播网络色情信息不以为意。

二、新时代青年网络道德意识有待增强

网络道德，不仅是新时代青年进行网络交往与网络互动必须强化和具备的良好品质，而且是影响新时代青年网络自律意识的重要因素。网络道德意识，是人在态度与情感层面对涉及他人的网络利益和网络秩序要求时所表现出的一种关心、关注的态度。网络道德意识是网络行为主体在网络互动与网络交往中进行自我约束的一种内在驱动力。笔者调查发现，当被问到对网络上传播的色情内容持什么态度时，有超过55%的新时代青年表示这些内容是令人讨厌、令人作呕、令人痛恨的，但仍有近39%的新时代青年表示这些内容不应该被传播，但没有达到令人讨厌、令人作呕和令人痛恨的地步。新时代青年在使用互联网进行网络交往时，常常会出现说脏话、撒谎欺骗的情况，甚至有超过18%的新时代青年表示曾经有过网络攻击、网络"恶搞"行为。当被问到在使用互联网过程中是否实施不道德行为时，有近35%的新时代青年表示总是实施不道德行为，有超过60%的新时代青年认为偶尔实施不道德行为，仅有不到5%的新时代青年认为没有实施网络不道德行为。可以看出，新时代青年虽然已经意识到社会道德、社会公德是个人社会交往的基本规范，但是在虚拟环境中，网络行为主体的情感被放大了，表现为网络行为主体肆无忌惮地宣泄，很多新时代青年并不重视网络道德。

三、新时代青年网络自律行为普遍较弱

网络自律行为，是指基于认同网络空间利益和网络价值而自觉进行的自律行为，网络自律行动者根据自己的意志积极参与网络社交活动，自觉遵守相关法律法规规定和道德约束。当被问到遇到网络犯罪，是否会通过各种方式举报时，有超过94%的青年被访者选择了坚决举报。这充分表明，青年群体能够明辨善恶与是非，并且能理性地做出正确选择。但是，我们也应该注意到，在一些特殊情形中，新时代青年明显缺乏自律。例如，笔者调查发现，当被问到"是否浏览过色情网站"时，有超过30%的青年承认经常浏览色情网站，超过52%的青年被访者承认偶尔浏览色情网站，只有约15%的青年表示从未浏览过色情网站。当被问到"参与网络聊天时，是否说粗话、脏话或攻击过其他网民"时，超过90%的青年被访者表示偶尔说粗话或者攻击其他网民。这充分表明，青年群体还没有形成抵制外界诱惑的坚强意志，难以约束自身行为。

在被问到最有效防止网络犯罪的措施是什么时，有将近45%的青年被访者表示监管是最有效防止网络犯罪的措施，超过33%的青年被访者表示严打是最有效防止网络犯罪的措施，还有近15%的青年被访者表示教育是最有效防止网络犯罪的措施，仅有7%左右的青年被访者表示自律是最有效防止网络犯罪的措施。这表明，新时代青年在具体的网络实践过程中，事实上难以保持认知与行为的统一。

当被问到"在互联网中，与互不相识的陌生网友互动时是否应该拒绝说谎，说真话"的时候，有近60%的青年被访者认为没有必要跟陌生网友讲真话，有近35%的青年被访者认为跟陌生网友只能偶尔讲真话，只有少数青年被访者表示面对陌生网友，要尽量讲真话，或者在绝大多数情况下不要说谎要讲真话。可以看出，新时代青年在网络交往、参与网络活动过程中，难以保持真诚待人的态度，从而容易在网络世界中产生无所顾忌的言语情境。从这个角度来看，新时代青年群体虽然已经初步具备了互联网使用必需的网络自律认知，但是难以有效地将这种自律认知运用到网络互动与交往中。

第三节　新时代青年网络自律意识不足的成因

网络自律意识在一定程度上可以看作是新时代青年网络自律行为养成的重要基础。网络自律意识是指具有独立意志的行动者所具有的关于网络自律的整体认知，是新时代青年自觉担负网络社会治理责任与义务的理性根据。但是，从调研结果可以看出，新时代青年网络自律意识相对不足，其原因有很多，具体分析如下。

一、人与网络文化的固有弱性

（一）人的弱性

1. 人为何物

人为何物？古今中外关于人的定义众说纷纭，各执己见，研究化学的人把人定义为碳水化合物，搞生物研究的人把人定义为特定类型细胞聚集的生命体。从哲学角度而言，说法就更加丰富了，譬如人是有思想、有理性的动物；人是完成驯化的或文明开化的动物；"人是政治动物"（亚里士多德语）；"人是一种力量与软弱、光明与盲目、伟大与渺小的复合物"（狄德罗语）；"人是一架会自己发动自己的机器"（拉·梅特里语），"人是六英尺的碳、氢、氧、氮以及磷原子的特殊分子序列"（乔舒亚·莱德伯格语）；等等。马振铎指出："在苏格拉底那里，'人是什么'是其首要解决的根本问题。"

如何面对"人"这个概念？其核心是：究竟什么是人？什么是人的本质？哲学家在思考这个问题，历史学家、文学家、社会学家、人类学家等也在思考。达尔文的进化论认为：人是从动物古猿进化来的，人与动物具有一样的本质，就是生存的本能，这从起源上说明人的来源问题。关于人类的来源，我国古代有人与万物"混生"或"共生"的说法。这方面的论述我们可以参见《淮南子·精神训》所述：刚柔相成，万物乃形，烦气为虫，精气为人。

到了近代和现代，伴随着现代生物学、人体解剖学、社会生物学、心理学以及行为科学的发展，越来越多的学者开始从自然科学和社会科学去解释人的生理结构及其功能，并在此基础上说明人的本质。如美国社会生物学家威尔逊在《新的综合》一书中试图从个体、群落、基因群、基因序列等结构性变化说明人的本性、人的行为本质。在我国，也有学者从人的主体性结构（认知结构、意志结构、情感结构）分析人的心理机制和社会环境（主要指社会关系）相互作用的过程——自然历史过程和社会进化过程，说明人的意识的发展及人的本质。①

2. 人就是"人"

如何理解人，这里借用高清海关于人的基本观点：人就是人。人就是"人"这一论断的意义在于：它引导人们只能"按对人的方式"理解人，告诉我们人先天具有人的本性，且只能按照人的本性，从"人本身"去理解人。那么，人是从何而来？如果从进化论的角度来看，人应该是这样的一种存在：它什么都是，什么都可以是，什么都曾经是。按照这样的逻辑继续推演下去，作为自然进化过程中的最高级产物，人类可以说是经历了从最低级到最高级发展的一切阶段，人一旦成为真正意义上的人，人和动物就有了本质的区别。

人为何能成为人？人与动物有什么本质区别？李泽厚认为："人类不仅仅可以创造、积累、发展外在世界的物质文明，从原始石器、陶器乃至今天的航天科技，而且这样的科学技术也在不断创造、积累、发展，助推着内在世界精神文明的不断发展。除了实际生活中我们可见可碰的物态化的作品之外，它在多数情况下还表现为看不见听不到的人们的精神、心灵思想及情感波动等非物质化的结构状态。人的心理明显有别于动物，这是因为人有区别于动物的人性。文化心理结构使得人类和动物有着天壤之别，这恰恰就是人性的具体所在。"② 这个文化心理结构或心理机制就是人

---

① 肖君和. 论人 [M]. 杭州：浙江人民出版社，1986：40-71.
② 李泽厚. 中国古代思想史论 [M]. 北京：人民出版社，1985：255.

的独特大脑或古人认为的"心"。人的大脑有许多独特的功能，特别是进化到一定时期，人具有语言、思维尤其文字创造与使用能力，从而使人的意识思想得以外化并传承。

从生理学和心理学角度来讲，人的意识活动，可分为较低层次的无意的自然意识活动和较高层次的有意的意识活动。人的意识活动各不相同，人的意识活动反映在外，表现为人的思想、语言，并由意识产生人的行为、智力活动等。人的意识活动的内在反映同样千差万别，表现为人的思维、气质、精神状态等。无意的自然意识活动，是指人不受自己的意识控制所表现出的生理机能，如饥饿感、伤口自动愈合结痂等。人的思想是自然世界及人类社会行为通过感官存储于意识器官，由意识器官进行意识活动的过程，思想的过程是对存储的记忆进行提取、加工、整理、总结，形成人对自然世界和人类社会行为的看法。思想区别于意识的关键之处，在于思想总是力图让他人感受到，并且通过语言、行为等形式让他人理解、认识并作用于他人；而意识则是人意识器官对自身的理解、认识和作用。意识是内在的，是意识器官对自身的思维意识，可以让他人知晓，也可以不被人知晓。当意识通过有目的的行为（如语言、文字等形式）让他人知晓时，意识就转化成了具有对外界产生影响的思想。

由此，人之为人不仅有肉体，更重要的是，人类社会具有文化，尤其是语言、文字产生，使人的意识可以外显、外化。人有思想，有自我价值观，从某个角度来看，人是观念集合体。

3. 人是文化化的人

人先天具有人的本性，人就是"人"是不够的，人性只有在社会文化环境中才能够显现，人才能成就为人。从这个意义上看，人是文化化的人。

文化是人类的生存方式，是人类为生存、发展而形成的一套生活方式。文化包括人与自然关系的物质形态文化，文化是人类生活的全部，语言文字、宗教信仰、伦理道德、思想观念、教育、科学、文学、艺术、政治制度、社会风俗乃至人们日常生活中的行为态度，凡此种种都归属于文化的范畴。这样的发展方式类似美国人类学家摩尔根所提出的观点：人类，从很大程度上讲，其发展的过程大多是从底层开始，在现实生活中进行了巨量的实践经验和知识的积累，才一步一步地从什么都不懂的蒙昧社会逐渐进入越来越高级化的文明社会。① 摩尔根所指出的"经验知识"就是文化。人只有与文化相结合才是一个完善的人，一个具有人的本质的人。事物都具有两面性，人类作为社会实践的参与主体，同时人类也是文化这一非物化形式的主要载体。

从某种程度上说，文化就是人化，它是人作为社会参与主体的能动性或本质力量的对象化，文化在历史长河中所发挥的作用就是教化人、塑造人、熏陶人。人是文化的创造者，人类创造了文化世界。从这个意义讲，相对于人而言，文化的一个重要特征是先于个人经验存在。不能忽视的一点是文化虽然是人创造的，是人对外部客观或主观世界的经验知识和价值思维的沉淀总结，但文化一旦被人类创造出来，很大程度上是相对固定的，不会轻易因为历史的更迭和变迁而发生太大的变化，大部分情况下其存在的客观性是可期的，很难被消除。任何人从他来到这个世界的那一刻起就被融入了一个文化世界，而这个世界的价值和意义是先于他个人经验的，是远超越他个人经验而存在的。

中国传统文化特别注重社会文化环境对人潜移默化的影响，即"化"的作用。荀子关于教化之"化"有充分论述，《荀子》中有不少论述"化"的文字，其中的"化"就是指社会文化环境对人所产生的潜移默化的作用。例如《荀子·性恶》中有："夫人虽有性质美，而心辩知，必将求贤师而事之，择良友而友之……身日进于仁义而不自知也者，靡使然也。"这里的"靡"即是"摩"，观摩，模仿，受别人行为的影响。荀子还着重提出："注错习俗，所以化性也。"从荀子的思想可以总结，伴随文化赖以生存的环境变化，人类的意识形态、性格特征、行为习惯等也会产生相应的转变，甚至如果文化环境发生大幅度突然转变，人的本性也可能改变。

---

① 摩尔根. 古代社会：上册 [M]. 北京：商务印书馆，1987：3.

人类创造了文化，文化同时也创造了人类，人类与文化是相互塑造、相互影响的。人类和动物的不同之处在于：人类不仅是一种"自在"的动物，更是"自为"的动物。动物为生存下去而活动，但是不可能自觉地认识到自己的存在。只有人通过创造文化，使自己和动物王国脱离开来，对自己的存在产生疑问。当人类刚从野蛮蒙昧中走出来的时候，其面临两大问题："我"是什么？"我"从哪里来？正是这两大问题，使人把自己和客观世界区别开来。著名哲学家卡西尔认为，就是"认识自我"这件事，才应是哲学研究和探索应该确立的最高目标。① 这个目标从人类认识到自身的那天起就困扰着人类，是一个至今仍未解决的问题。人的问题之所以如此困扰着人类，是因为"人"的本质并非一成不变的抽象之物，它本身就是一个随着文化的发生发展而发生发展的逻辑范畴。每个时代、每个民族对人的本质的认识都具有时代的和民族的文化特点。世界上只有带有时代和民族文化特点的人，而没有抽象的人。每个民族对人的定义，就是这个民族文化的最高表现。

关于人类及其文化的研究从来都未曾停止。随着实证主义的兴起，进化论和传播主义把人置身于文化中。值得一提的是，威廉·冯特（1832—1920年）将他的实验同内省相结合，将心理学引入文化研究，从而创建了现代心理学。在冯特看来，一切文化现象都是心理活动的产物，都是由情绪、观念和行为三部分构成。塔尔德则从集团心理研究文化传播的过程这个角度，提出了观点模仿说，认为文化创造会引起模仿效应，低层次的社会阶层会模仿高层次的阶层，文明程度低的民族会模仿文明程度高的民族。因此，从某种程度上而言，模仿说为我们理解文化传播和文化演进的过程提供了理论依据。

同时，有许多理论家从制度文化角度考量文化与人的关系。弗洛伊德是制度文化研究领域影响最大的心理学家。在他看来，人类实质是由两种相互冲突的欲望所支配，即爱的欲望和死的欲望，文明是爱的欲望在压抑情况下的转换形式。美国心理学派代表本尼迪克特则认为，人类文化是一

---

① 恩斯特·卡西尔. 人论［M］. 李琛，译. 北京：光明日报出版社，2009：3.

个复杂的多样性群体组合,每一个群体都有自己独特的文化模式,而人们的行为往往会受其所属文化的影响。文化价值包罗万象,各有差异,人们渴望不同的结果,进而追求不同形式的幸福。如果学者们努力研究人类的各种社会制度、风俗习惯、宗教信仰、行为方式和心理活动等的同时,不去研究那些人类所赖以生存的各种各样的人类情感以及人类终其一生追求幸福的愿望。这在他看来,无疑将失去我们在人的研究中可望获得的最大成果。① 因此,从文化即化人这一观点我们不难看出三点:①人的存在方式体现了其文化的存在形式,这里面包括了他所在的社会环境和历史传承。②我们必须认识到文化和人之间并不存在隔绝与对立的关系,人一般会不自觉地融合在其自身所处的文化世界,文化内化于人自身。③文化世界实质是物质世界和精神世界交融的本体世界,所有的文化因素交织在一起,最终以制度的组织形式,推动着社会不断向前发展,并使人得以正常有序的生存。由此我们不难看出,马林诺夫斯基眼中的文化本体世界,实际上包含了物质和精神。但是我们不能用物质或精神来片面理解它,因为在他认为物质文化是超个人的实体,它是一整套物质文化,存在于个人之外,却又无时无刻不影响着个人的日常生活的一种现象。② 一般而言,物质文化很显然不是单纯的物质形态,任何物质文化无不渗透着人的审美情趣甚至是价值取向。

4. 人的自我弱点

我们应该注意到人类主体性弱化首先体现在自主性的弱化上。

人作为自主行动的主体,从自我出发对理念、意志自主发起,行动和想法是由本身自我决定,且不是由外在的所谓命运和大自然法则所决定或安排的。人和动物的本质区别在于人是有思想的,而动物仅仅是思维支配的生物本能,它们的活动是自由的活动。人具有高级机能属性的自我意识,从而使得人类不断改变现状开拓未来,促使人类在认识、设计、改

---

① 马林诺夫斯基. 西太平洋的航海者 [M]. 梁永佳,李绍明,译. 北京:华夏出版社,2002:18.

② 马林诺夫斯基. 原始的性爱 [M]. 王启龙,邓小泳,译. 北京:中国社会科学出版社,2000:5.

造、完善和监督自我的过程中不断推动社会发展。自主性弱化在广大新时代青年群体中普遍存在。新时代青年由于花费过度的时间和精力在虚拟的网络世界中，使日常的生活学习受到或多或少的消极影响。令人担忧的是，新时代青年在意识到这种不良影响后反而陷入"沉迷—自责—自控—自控失败—陷入失控—再次自责"的恶性循环。正是这种不良的循环怪圈，自主性一点点被磨灭，主体性在不知不觉中流失。由此可见，新时代青年缺乏自控力是一个较普遍的现象。

综上所述，导致新时代青年自控力缺失主要有两个方面的原因。首先，新时代青年价值观不稳定。整体而言，新时代青年虽已成年，但价值观尚处在形成过程当中，需要正面积极引导。随着社会的进步、经济的繁荣发展，人们的物质生活水平不断提高。但不可否认的是，一些违背社会公共道德的不良社会风气，影响了广大青年的健康成长和身心健康。部分新时代青年的思维模式、为人处世比较感性，缺少理性思维，经常从某一方面思考问题，不能够理性地、多角度地看待客观事物。面对社会的诱惑，新时代青年易陷入困惑，加之其社会经验普遍较少，更容易受到外界的干扰失去判断是非和权衡利弊的能力，在一定程度上降低其在意识形态和行为习惯上的要求。

其次，新时代大学生的自我约束能力较差。自我约束就是在复杂的外部环境下，根据实践经验和社会法则，约束和控制个人的言行，为自己制定规则法度。换言之，在复杂的情形下进行自我约束需要网络行为主体对社会和网络道德拥有明确的认知。但新时代青年自我管理能力较差，容易受到外部不良环境影响。

新时代青年进行网络交往，更多的是情感上的一种宣泄、自我的一种展现、好奇心的一种满足等。

当现实环境和青年心理需求产生矛盾时，在不良信息与不道德行为影响下，心理尚未完全成熟的新时代青年往往难以明确网络道德底线并进行自我监管。从这个角度看，新时代青年容易产生对网络形成心理依赖、变得更加冷漠等与网络相关的心理问题。

我们知道，当前社会竞争越来越激烈，新时代青年同样面临各种各样的压力。压力来自学习成绩、就业机会、经济环境、社交等各个方面。如果青年不能在一定时间内，通过适当的方式得以宣泄，那么新时代青年就会诉诸虚拟的网络。如果这种依赖和沉湎的时间太久，他们就有可能产生消沉、悲观、失意、颓废、伤感等难以排解或消除的负面情绪。这些负面情绪可能会进一步激发青年寻求从虚拟的、不现实的网络世界获取满足感。依据马斯洛的需求层次理论，人的需求从低到高依次分为生理层面的需求、情感层面的需求、安全层面的需求、尊重层面的需求以及自我实现层面的需求等。新时代青年的心理需求也不例外，对于很多青年人而言，更高层次的需求在现实世界中常常难以达成，转而向虚拟的、不现实的、想象的网络世界寻求满足。

（二）网络文化的弱性

1. 文化与人化

何为"文"？《说文解字》解释为文化之文，作象形文字"心"，象征内心宁静、和平，这是文的本义。在古代，"化"字也是一个独立概念，多为动词，本义为生长。时至今日，"化"字往往与其他词组成一个新的词，如"生化""创化""孵化"等，这里的化仍然是"生"的意思。关于"文"与"化"两个字，在殷商时期已经使用了，在先秦时期的名家典籍和各家的论述中也常常出现。但是，在先秦时期，虽然"文"与"化"已经普遍出现，但是还没有形成固定的、有共识的、统一的概念。《周易·贲卦》中有"观乎天文以察时变，观乎人文以化成天下"。其也许是"文化"这一概念的最早雏形。文化概念最早形成于汉代，刘向在《说苑·指武》中说："凡武力之兴，为不服也，文化不改，然后加诛。"这里的文化是文治教化的意思，与充满暴力元素的武力征服、武力镇压等概念是相对的，强调的是一种非暴力的人文治理，社会教化。

在西方，文化一词源于拉丁文"cultura"，具有耕种、居住、练习等多重含义，后演变为英语"culture"一词，有耕种、培育、教化、文明、修养等多种意思。这与中国古代对文化的理解较为接近。在中国古代社会，文化必须把握现实社会中的人伦秩序，以明君臣、父子、夫妇、兄弟、朋友间的人伦纲常关系，从而推广以治理天下。因此，在中国古代社会，"文化"一词已有明确的文明教化或人文教化之义。

关于文化，自文化人类学的新奠基者泰勒 1871 年于《原始文化》一书中对文化做了近代科学意义上的说明之后，中外关于文化的定义可归为四种：①从广义上理解，认为文化是人类所创造的物质文明和精神文明的总和。②以狭义即意识形态的角度去诠释，则指观念形态或精神文化、文化心理结构。③从文化是人创造力的体现的角度去阐述，认为文化是人创造力的凝聚，是人类创造的不同形态特质的多元性产物。④从文化是人的生活样式、行为模式等方面去说明文化。

2. 文化即人化

文化即人化，人类社会发展到一定程度和阶段才有文化，即人类学会制造工具。我们可以根据文化的不同属性，把文化分为物质文化和精神文化，物质文化又称作"器物文化"，而精神文化是指人类创造的一切非物质产品，可以分为制度和观念两大类。因而，精神文化可以分为制度文化和观念文化两大类。制度文化又称作"规范文化"，不仅为人们提供了若干行为模式，调节各种各样的人际关系，是人类智慧在制度中的凝结，还包括习俗、道德、政令、法规、法律等。观念文化是文化的核心部分，是人类智慧在观念中的升华，价值观念是观念文化的灵魂及核心。同时，价值观念是人们判断是非、选择行为方向和行为目标的准则，从这个层面讲人的价值观念是观念的集合体。

马克思曾经论述过动物生产与人类生产的区别，认为一方面动物所进行的生产劳动是片面的，是受它所属物种的属性所支配的，而人的生产劳动是全面的，能按"任何一个种的尺度"去进行生产。另一方面动物的生产只是出自其肉体需要，是局限于动物的生物性本能，而人类能够在没有生理需要的情况下去从事各种各样的生产活动。人类的生产不受生理需要的限制，可以根据其自由意志对自然界进行各种各样的改造。本能的生产和自由的生产是动物与人的本质差别。人类在进行全面的、自由的生产劳动过程中，一方面把整个自然界转变成人化的自然，即"人再生产整个自然界",对每一种产品赋予其主观的目的和创造力;另一方面在熟悉自然界一切客观对象的过程中,发挥和提升了人类的创造才能,使劳动对象本来具有的对人的疏远性、强制性,变成为人服务的、满足人的种种需求的东西。换言之,就是让那些"自在之物"通过人类的改造和创造,逐渐转变为"为我之物"。当人以务农、做工、经商、科学研究等实践方式去呈现人的创造力这一本质力量时,便构筑成了人类的物质文化;当我们以观念的形态如哲学、艺术、道德等方式去呈现人类创造力成果时,人类所改造或创造的精神文化就逐步形成了。物质文化与精神文化越发达,人类的自由王国的实现就越迫近。

3. 网络文化及特质

(1) 网络文化

这里所谈的网络文化,是指以网络技术为支撑,并基于信息传播所衍生的一切文化活动及其内涵的价值观念。广义的网络文化是指借助计算机网络或其他信息产品进行信息沟通、传递等活动而产生的经济、政治和社会现象,即信息文化。狭义的网络文化是指基于互联网络、通信网络以及由此派生出来的衍生工具、手段,并以信息传递、资源共享、沟通交流为目的的行为方式、思维方式、生活方式及价值观念等。

互联网是一场全新的技术革命,对社会经济、政治、文化等各个领域产生了远大影响。[①] 网络文化基于互联网这一载体形成了一种迥异于之前文化的文化。网络文化具有哪些特征呢?匡文波认为网络文化具有开放性、交互性、虚拟性[②],江潜认为网络文化具有大众化、全球化、多元化、虚拟化、个性化[③],尹韵公认为网络文化具有自由平等性、游戏性、不确定性和商品化。[④] 还有学者认为,网络文化具有技术性、精神性和主体

---

① 李强,刘强,陈宇琳. 互联网对社会的影响及其建设思路 [J]. 北京社会科学, 2013 (1): 1.
② 匡文波. 论网络文化 [J]. 图书馆, 1999 (2): 16-17.
③ 江潜. 数字家园:网络传播与文化 [M]. 上海:复旦大学出版社, 2001.
④ 尹韵公. 论网络文化 [J]. 新闻与写作, 2007 (5): 15-17.

性。① 相关研究表明，网络文化具有技术性、文化精神性和主体性三种本质性特征。② 网络文化首先是一种技术文化，是信息技术和网络技术进步催生出的文化。网络文化所具备的思想属性反映的是人类的价值取向和精神追求，同时在某种程度上凸显了人类创造文化的本质特性。文化的主体是参与其中的人，网络文化也不例外。

在网络上，所有人都可以指点江山、激扬文字，网络文化是一种平民文化，是一种各种思想和观念激烈交锋、激荡的文化，去中心化和去权威化构成其基本逻辑。网络文化的平民化特征，对新时代青年的网络自律有着双重影响：一方面，有助于新时代青年避免盲目信仰权威、勇于挑战已有文化权威和怀疑已有文化定论，减少新时代青年网络行为的盲目性和从众性，有助于新时代青年减少文化盲从、增进文化自觉和自律；另一方面，网络文化平民性特征，容易使心理尚未发育成熟的新时代青年无视传统、无视权威、无视文化经典，进而导致文化虚无主义，甚至一部分新时代青年在网络生活中迷失了方向。自古至今，都有文学结社，但传统媒体时代，限于文化传播的地域性、交通通信的不便，文学结社局限于有限的小众范围。互联网时代，网络文化在多元化、平民化等基础上呈现多群体化特征。由于即时通信手段的应用，网络中的人们可以在网络文化空间中建立自己的群组，这种集群基于相同的兴趣爱好、共同的利益关联、相互的支持和帮助、生活和工作的共同需要等。

（2）网络文化的特殊性

与传统媒体单向输出的特性不同，网络作为一种新型的文化传播媒介，其最大优势在于提供了一个基于互动性的信息交换平台，有着脱离传统社会道德约束的特殊性。人们可以根据自己的需要使用互联网，通过在线浏览网站、下载所需要的电子资料等方式，有效获取各种各样的信息和网络服务。同时，也可以借助 BBS、微博、邮件、新闻评论等方式畅所欲言，发表自己的意见和想法，自由地参与网络各种主题讨论。因为大多数

---

① 万峰. 网络文化的内涵和特征分析 [J]. 教育学术月刊, 2010 (4): 62-65.
② 万峰. 网络文化的内涵和特征分析 [J]. 教育学术月刊, 2010 (4): 62-65.

是以匿名的方式发表言论，所以一些网民认为在网络世界中是无限制的绝对自由。

根据相关统计数据，20~30岁的网民占到了全部网民的30%左右，表明互联网业已成为新时代青年日常生活中重要的、使用频率很高的工具，新时代青年成为互联网的高频使用人群。相较于现实社会，网络言论的高度自由性、即时性以及互联网社区独特的开放性和社群性特点，使得网络成为新时代青年获取信息、丰富生活和扩大交往的主要场域。

众所周知，网络的大规模普及不仅改变了青年群体的学习、生活与消费体验方式、社会交往方式，还改变了新时代青年思考世界、思考人生的方式。由于尚未形成完善的世界观、人生观和价值观，部分新时代青年在追求自由、自主和个性时，缺少必要的理性化思考，以及对世界万物谨慎审视的批判性精神，在处理问题过程中容易出现不太恰当的处理方式。青年群体容易形成一种非黑即白、非此即彼的片面性思维模式，要么全部相信，要么全部不信。值得注意的是，新时代青年对复杂信息的鉴别能力较弱，容易在不知不觉的情况下成为不良信息的接收者，甚至不良信息在网络平台上的传播者。

首先，网络文化存在较强的虚拟性。虚拟文化与其他文化不同，并区别于实体空间。由于技术的飞速发展与进步，基于信息和网络技术发展演化的网络文化使人们的生存空间发生了变化，并对现实世界和人的行为及道德层面产生深远的影响与推动，代码和符号形成的虚拟空间成为人们可以寄托梦想并加以实现的"赛博空间"。现实世界很多行为准则和行为方式被崭新的虚拟网络所颠覆。正因为网络文化的虚拟性，现实生活中人们不敢表达的情感和思维，受法律和社会公共道德准则所约束的行为，因为在网络世界缺少原有的规范和约束，得以表达和实施。正是网络文化的虚拟性给网络越轨行为提供了可乘之机，网络文化的虚拟性特征构成了新时代青年网络自律意识教育和网络自律行为习惯培养的一大挑战。

其次，网络文化具有较强的开放性。由于其形象和趣味性，网络文化在促进新时代青年的思想观念更新和教化方面有着积极作用，易为广大新时代青年所接受。网民可以自由查阅各类网站及各平台发布的信息。同时也可以在贴吧、空间、博客和微博等各类交互平台自由发表言论，网络文化开放性得到了充分体现，超越了以往所有的文化类型。网民可以根据自己的意愿和需要，采取合适的手段，获得各种信息资源，和其他网民自由交流，各种思想与观点都能在网络中交流和传播。

再次，网络文化具有多元复杂性。网络文化的多元性源于网络文化的开放性。网络文化的开放性使网络文化产品不再受限于数量，各种各样、形形色色的网络文化产品齐聚网络。多元的网络文化产品兼具特色和各自理念，满足了网民不同文化品位、文化需求和文化心理的消费需求，同时不断突破人们对文化的包容度和心理承受能力。因此，新时代青年的世界观、人生观、价值观可能会受到来自网络文化的冲击。

最后，网络文化具有自由性。在互联网时代，网络文化的自由性主要表现为网民可以通过网络社区自由地参与各种网络文化活动，发表言论、表达观点及选择喜好的行为方式。与开放性、多元性相一致，网络文化的自由性表征了网络文化的"各美其美、美人之美、美美与共、天下大同"，显示其极强的包容性。因此，网络文化为各种文化提供了一个广阔而自由的对话平台，不仅扩展了不同文化的接触面和交流机会，增进了不同文化间的相互理解和尊重，而且扩大了不同文化背景网民间的接触和交流机会，增进了彼此的理解和包容。

4. 网络文化的弱性

（1）影响新时代青年正常的学习生活

由于网络的特点以及新时代青年的弱势，网络交往使新时代青年为之痴迷，形成了一批新时代青年"网虫"。这不仅占用了新时代青年大量的时间，而且使其生物钟紊乱，诱发各种生理和心理疾病，扰乱新时代青年正常的学习和生活秩序。

（2）网络依赖效应造成新时代青年思维僵化

思维是人类对客观事物的概括、间接反映。长时间进行网络活动，使新时代青年的思维处于模式化状态，因过分依赖网络知识和逻辑结构而僵化。

（3）网络充斥大量不良信息

各种不良信息充斥网络，甚至包含大量低级庸俗的色情信息、暴力信息。新时代青年心理成熟期滞后于其生理成熟期，在这些不良信息面前，新时代青年很难正确选择和抵制，给其身心健康造成极大危害。

（4）难以主导的信息易动摇新时代青年的理想信念

网络不良信息消减了正面信息对新时代青年的引导作用，影响其思想行为，动摇其理想信念。由于网络具有匿名性和虚拟性，如果新时代青年主体自律意识不强，则容易沉溺于网络交往而忽视现实交往。

（三）人与网络文化弱性合拍

作为现代文明的产物，互联网给人们的工作生活带来极大便利，但也产生了不少负面影响，占用了新时代青年大量的学习时间和课外时间，严重困扰了新时代青年正常学习和生活。部分青年过度依赖手机，沉迷于虚拟世界不能自拔，笔者认为其脱离与现实世界的联系，背离了社会生活交往的基本准则。同时，碎片化和片面化信息充斥网络，使新时代青年容易受网络不良信息影响，阻碍新时代青年的价值判断和价值选择，从而影响新时代青年树立正确的人生观。

1. 网络文化强化了人的弱性

随着网络信息技术的发展，网络文化从技术层面与传统社会和文化隔离开来。同时，虚拟网络、现实社会中的法律法规、道德规范相互影响、相互渗透。因此，可从技术层面分析网络文化的特征。

（1）网络文化的交互性

网络文化的交互性是指从事网络文化活动的主体可以在网络空间中进行各种信息的交流和互动。网络的多向度、大范围和多层次的交互功能，改变了人们传统的阅读方式和社会交往方式，改变了人们的生活方式，深刻地影响着现实社会。一方面，网络文化的交互性特征改变了新时代青年学习、生活方式，突破其传统人际交往方式的限制，对提高新时代青年的学习效率、丰富新时代青年的课余生活、扩大新时代青年社会交往范围发挥着积极作用。另一方面，方便快捷的网络互动方式容易导致新时代青年在学习过程中剽窃他人成果、散发与传播不当言论和观点、结交不良人群，对新时代青年网络自律意识培育构成了挑战。

（2）网络文化的时效性

网络文化传播不受时间和空间限制，从而使文化的传播变得更加高效、便利。通过网络，人们可以即时传输文字、声音、图像、视频，且不受印刷、运输、发行等因素限制，既可以在瞬间将信息发送给千家万户，也可以随时随地方便、快捷地获取所需信息。① 但网络文化传播的时效性特征，也可能为少数新时代青年所利用，从事违纪违规甚至违法的活动，如利用移动互联网终端传播答案、查找答案等，传播不当言论甚至色情图片、音频文件和视频文件，等等。可见，网络文化的时效性特征对新时代青年网络自律意识教育和网络自律行为培养有着重要影响。

（3）网络文化的个性化

文化本身就带有强烈的个性化特征，"文如其人"即表达此意。但在传统社会中，由于受到政治、阶级、身份等外在因素的限制，文化的个性化特征没有得到淋漓尽致的体现，人们总是会对现实社会环境有所顾忌。网络以其虚拟性、匿名性为人类释放了前所未有的个人空间，给人们的释放个性以无穷无尽的舞台。网络文化凭借互联网平台，让文化的个性化特征大放异彩：在网络空间，只要不危及社会，不伤害他人，人们可以尽情展现自我。人们比从前任何时候更容易接纳不同的观点，不论这些观点是多么奇异。② 新时代青年更热衷于标新立异、标榜个性。

2. 网络文化中人的弱性放大

网络文化作为社会发展过程中的新型产物，网络文化依附于人类社会，同时潜移默化地改变着人们的生产与生活方式。

（1）人际交往层面

通常情况下，在网络虚拟空间，由于网络行为主体间的交往不受时空距离的约束，相比现实生活更加轻松，而在客观世界中，新时代青年群体

---

① 万峰. 网络文化的内涵和特征分析 [J]. 教育学术月刊, 2010 (4)：62-65.
② 万峰. 网络文化的内涵和特征分析 [J]. 教育学术月刊, 2010 (4)：62-65.

的情感状态难以得到充分宣泄。所以，从某种程度上说，网络空间的这种人际交往模式挣脱了现实社会中人际交往的诸多限制，为新时代青年释放个性提供了空间。但我们必须清醒地认识到，这种不受约束和限制的交往方式，在缺少有效监管和积极引导情况下，很容易诱发道德自律的滑坡、突破道德底线等负面影响，导致网络背景下人的"异化"。

"异化"有多种含义，通常情况下，我们认为异化是指相同或相似的事物变为不相同、不相似的过程。可以说，网络技术的发展导致了人的异化。

调查发现，网络游戏、视频播放、娱乐交友等功能，最为新时代青年所热度，从侧面反映了网络对新时代青年产生了不利的影响。由于个性和欣赏水准所限，以及思想教育的缺失，青年群体往往易于沉溺自我的自由和权利，对现实生活缺乏真正理解，当其面临现实问题和压力时，如出现学业障碍，难以按时毕业，或者工作暂时不能落实，往往对未来充满未知感和不确定感，从而产生难以克服或消除的迷茫心态或恐惧心理。这时，他们常通过网络来消解或克服负面情绪。长期下去，传统的道德观念、道德自律、价值观逐渐淡化，易陷入享乐主义和历史虚无主义，使其更加迷茫、找不到人生的正确方向。

（2）性格的虚化

在虚拟的、不现实的、虚幻的、想象的网络空间中，新时代青年接受来自客观世界的、外在的约束大大减少。虽然能够在虚拟的、不现实的网络世界中充分展现个性，体验现实世界中无法体验的自我价值。但正是虚拟的、不现实的、虚幻的、想象的网络世界为青年提供了这种充分展现自我个性、体验现实世界中所不能体验的自我价值环境，大大强化了新时代青年身上所具有的那种与其他年龄群体不一样的、独特的自我意识。[①] 在现实生活中，新时代青年的行为受到社会、学校和家庭固有观念的影响与约束，基本趋于理性。但当新时代青年在现实生活中遇到挫折，感受到现实世界与网络空间之间的巨大落差，往往容易逃避现实而沉溺于网络虚拟

---

① 周兴生．青年网络伦理［M］．北京：光明日报出版社，2009：142．

世界，性格的虚化便逐步形成。① 新时代青年作为最具活力和创造性的群体，面临着网络不良信息和其他不利因素影响最大。

（3）生理层面

当前，许多新时代青年患有注意力难以集中、视力下降、免疫力下降、颈椎病、"鼠标手"等生理疾病，而这很大程度上是由青年长期沉迷于网络过度使用电脑、手机造成的。

（4）心理层面

新时代青年身心都不成熟，认知水平偏低，但其个性张扬，许多情绪在现实中得不到正确释放，从而转向相对轻松自由的网络环境。后果是新时代青年形成正确网络认知的可能性大大降低。② 许多新时代青年迷恋上网，拒绝社会化和社交活动，倾向于从网络世界中获得满足感。

部分新时代青年不能有效区分现实社会与网络社会中的角色定位，心理角色上的冲突不能有效及时地调适导致其形成双重人格和人格的异化。导致部分新时代青年出现不同程度的自我膨胀，无法正确地认识自己；世界观、人生观和价值观出现严重扭曲，对世界和人生的看法严重脱离实际；在现实社会生活中常常行为失范，难以正常健康地参与社会活动；更有甚者，对他人和社会造成伤害。相关调查报告显示，中国青少年犯罪率上升与网络密切相关。

3. 网络文化中的认知偏差

（1）新时代青年对网络空间的认知存在不足与偏差

诚然每个新时代青年都有追求自由的权利，但对于自由，大多数青年缺乏正确认知，错误地把为所欲为当作一种自由，而互联网的诞生，为那些反对约束和控制、崇尚自由的人们提供了一个广阔的、可供发挥的舞台。③ 这迎合了新时代青年向往自由的心理，但其对网络社会自由、平等、

---

① 薛媛. 为网络异化现象把脉人民网 2009-09-04. http://media.people.com.cn/GB/22114/52789/168070/9988050.html.
② 沈秀芳. 网络文化视域下的高等学校思想政治工作初探[J]. 山西教育·高教版, 2012.
③ 严耕, 陆俊, 孙伟平. 网络伦理[M]. 北京：北京出版社, 1998：91.

共享、开放等往往会做过度解释，这使得道德相对主义、无政府主义和个人主义在网络中大行其道。① 部分新时代青年对网络行为规则缺乏正确全面的认知，容易做出被网络牵着鼻子走的不良行为。

（2）新时期青年网络信息甄别能力低下

由于人生阅历所限，许多新时代青年信息甄别能力较弱，而网络环境中充斥着各种各样的虚假信息、误导信息，青年群体难以有效地、正确地辨别信息的真伪。这就使新时代青年很容易成为网络的受害者，容易被不良信息误导，却浑然不知。新时代青年都有强烈的爱国之心，但不少新时代青年易受不良信息影响，做出不恰当的过激行为，不仅成为不良信息的传播者，更有甚者还将不良信息内化为自己的想法，进而宣传输出这些言论。

（3）新时期青年身心发展需求的过度

青年处于生理和心理快速发展的阶段，对生理、安全、亲密关系、尊重、归属与爱、自我实现等各阶段层次的需求强烈。个别新时代青年大量浏览色情网站，甚至不惜走上违法犯罪的道路。这个阶段强烈的自我意识使新时代青年渴望受到关注而过度表现，部分青年甚至不惜通过散布谣言、对他人进行诽谤、发表不当言论，以及通过不适当的、不文明的行为来吸引其他网友，尤其是异性网友的注意力，满足其被注意、被关注的心理。如果家庭、学校和社会等对其不适当、不文明的行为不给予积极有效的正面引导，并进行有效的监督和管理，那么其将很容易走向极端，甚至是走上违法犯罪的道路。

（4）新时代青年缺乏面对现实的勇气

网络日益成为新时代青年逃避现实的港湾，不少新时代青年面临着从高中到大学的适应性问题。高中时期，有家长和老师的督促，大多数学生都能为梦想而奋斗。到了大学，缺少了家长和老师的督促，学习由外在推动转变为自主学习，许多青年学生在初入大学时会出现迷茫，不少青年学生通过网络来逃避现实压力。此外，新时代青年承受着来自家庭、学业、

---

① 赵国栋. 新时代青年网络道德责任的缺失与建构研究［D］. 重庆：西南大学，2011.

社会等方面的压力，当这些压力无法排解时，其就会通过网络来缓解来自现实生活中的挫败感。

二、网络管控不力

互联网具有很强的虚拟性，这使得互联网平台上充满了各种负面信息。随着网络技术的发展，网络的功能越来越多，隐匿真实信息的渠道越来越多，在很大程度上影响了网络的管理与控制，增加了网络监管的难度，严重阻碍了新时代青年网络自律意识与网络文明行为习惯的养成。因此，新时代青年网络自律培育是一项任重而道远的工作。

三、社会引导和关怀的缺失

（一）多元化价值观的影响

网络的大规模普及不仅改变了青年群体的学习交往方式，还改变了新时代青年思考世界、思考人生的方式。互联网的开放性特征促使新时代青年群体具有多元化价值观念，在一定程度上容易使新时代青年形成偏执型人格，导致青年群体在人生目标、人生方向上的迷失。

（二）社会网络建设有待加强

从社会网络建设来看，当下，我国网络文明建设和监管还不能适应网络迅速发展的需要，主要表现在以下两个方面：①社会网络建设不到位。根据调查，部分地区对青年群体的教育和引导作用认识不足，不够重视，社会公共网络资源整体相对短缺，管理机制不健全，网络建设滞后严重阻碍了青年群体的网络文明教育。除此之外，个别地区网络信息资源十分有限，互联网硬件设施与软件设施不匹配，网络资源更新慢，内容和形式无法激发青年的兴趣。②高等学校缺乏学生网络行为引导和不良行为规范约束。要有效促使新时代青年自觉融入网络文明建设中，就必须制定相关网络行为准则规范新时代青年网络行为。只有加强新时代青年群体网络文明教育，用行之有效的、健康的网络文化去教育引导青年群体，采取针对性的措施规范青年群体的网络行为，强化青年群体网络行为和网络活动监督管理，才能真正促进网络文明建设。

道德素养在某种程度上代表了新时代青年意识形态水平，是青年提高道德水平、实现自身价值的重要途径。道德规范无时不在、无处不在，即使在虚拟的、开放的、与现实世界有所脱离的互联网世界，同样能够感受到来自道德约束的压力。只有引入道德约束，才能真正维护互联网正常有序运行，营造安定有序、和谐文明的网络社会。马克思曾言，人类在精神世界的自律意识和自律行为是道德存在与道德养成的基础。

（三）新时代青年家庭教育的缺位

基于习惯养成的客观规律，新时代青年自律能力在短时间内难以迅速提高，需要长期反复的培育。青年群体所处的家庭环境对青年的心理健康状况、个人性格特征的养成、自我行为习惯的培育等产生重要影响。家庭教育的缺失是阻碍新时代青年网络自律意识与自律习惯养成的重要因素。

当前，对于身处农村或者中小城市的很多家庭来说，父母为了给孩子创造一个相对优良的学习环境和生活环境，他们中的很多人不得不离开家乡，到大城市去工作。这在客观上导致大量留守儿童缺乏来自父母的关心、爱护和监督，容易导致其性格孤僻、为人冷漠、行为乖张等问题。一方面，父母迫于生计忽视了子女内心最渴望的父母的关心、陪伴和爱；另一方面，留守儿童因为缺乏来自父母的关爱，容易丧失爱与被爱的能力，不利于留守儿童的健康成长，不利于其良好的行为习惯养成，成年后有一部分成为问题青年。

青年时期是人的意识形态和观念形成的重要阶段，需要父母做出示范。但是由于很多父母长期在外工作，子女长期无法得到来自父母的关心和爱护，这造成部分新时代青年在成长过程中无法养成自律意识，不利于其自律能力的提升。

另外，父母对子女常常抱有过高期望，新时代青年的心理负担过重，若得不到及时疏解，则容易产生逆反心理。逆反心理，不仅阻碍新时代青年的主观能动性，阻碍其综合素质的提高，还限制新时代青年自律意识养成和自律能力提升。

(四)社会对新时期青年缺少关怀

网络文化建设和文明风尚建设主体是广大网民,因此,网络文化建设和文明风尚建设关键在于提升网民的素质。从这个层面来说,社会、学校和家庭都要关注新时代青年群体的思想状况以及其精神需求,调整我们在网络文化建设和文明风尚建设过程中的立场与角色,在充分了解与掌握新时代青年成长规律和成长特点的基础上,对其予以更多的人性化关怀、关爱。部分新时代青年在网络实践中,存在这样那样的行为失范问题,这主要是因为部分新时代青年难以有效约束和驾驭自己的网络行为,而相关的家庭教育、学校教育与社会舆论教育没有及时跟进,帮助新时代青年人树立正确的世界观、人生观和价值观也是重要因素。需要指出的是,当前的一些家庭教育和学校教育对新时代青年网络失范行为常常采取"一刀切"的方式,直接禁止青少年上网。这种简单粗暴的方式在短时间内也许能够起到作用,但从长期来看是一种治标不治本的措施,不仅不能帮助新时代青年树立正确的世界观、人生观和价值观,而且阻碍了新时代青年利用网络学习新知识、新技能,不利于其成长。

当前,学校教育在人性化关怀方面欠缺,这是制约新时代青年踊跃参与网络文化建设和文明风尚建设的重要因素。学校作为教化育人的重要场所,满足新时代青年的全面发展需要,是学校义不容辞的责任,而全面发展需求离不开人性关怀。在新时代青年网络自律意识培育中,学校全面实施人性化关怀是一条重要途径。

人性化关怀缺失的具体表现之一是学校的网络思想政治教育没有得到卓有成效地开展,新时代青年长期成长于缺少必要引导、疏导以及人性化关怀的教育环境中。学校教育目前还不能很好地将网络新媒体技术与青年喜闻乐见的课堂教学紧密结合,片面化地采用规章制度来对学生进行网络思想教育。这就使得新时代青年长期存在网络认知偏差,且难以得到有效纠正。由于教师资源匹配不佳,教师普遍对学生网络思想政治教育缺乏热情,默守成规,教育方式陈旧单调,教与学严重脱节,思想政治教育内容与具体实际差之千里,对学生存在的思想问题、学生个性化成长需求及心理诉求等思想意识形态的问题缺少应有的关注，对青年普遍关注的热点问题采取放任自流、视而不见的态度。此外，部分学校以学习成绩为唯一标准，对学生的全方位培养，尤其是网络思想道德教育缺少针对性措施。学校所制定的网络管理制度难以体现对学生应有的人性化关怀，仅停留在以禁止某种行为或者对某种行为进行惩罚的"围堵"层面，较少采取疏通引导措施，造成学生存有对抗的逆反心理。

在新时代青年的成长过程中，家庭教育发挥着重要作用，不容忽视。家庭教育直接影响新时代青年的网络行为。新时代青年伴随着网络成长，且多数为独生子女，娇生惯养，养尊处优。新时代青年的挫折承受能力、解决问题和矛盾的能力、克服困难的能力以及抗压能力普遍较弱，这便使部分新时代青年稍有不如意就借助网络发泄、释放情绪、缓解压力，不仅容易养成一些不文明的网络行为，而且容易诱导一些网络违法犯罪。由于家长对网络缺乏正确的认识，家庭教育方式普遍简单粗暴、缺乏耐心，引起子女的反感和本能的抗拒。

由于相关网络法律制度还不太完善、网络相关监督和管理措施还有待加强、网络文化建设和网络文明风尚建设还有待健全，目前针对新时代青年的网络文明建设不可避免地受到一些阻碍或者影响。因此，针对新时代青年网络文化及网络文明建设、新时代青年网络自律意识培养等网络意识形态建设需要社会各界的大力支持。

第三章

新时代青年网络自律意识影响因素量化分析

第一节 网络自律意识相关研究

网络自律问题是思想政治教育要解决的重要问题之一，但相关研究不多。从 21 世纪以来，有学者开始关注到网络自律问题，但大多数研究只停留在文献分析、机理分析等理论探讨阶段，尚未涉足网络自律的因果机制研究，通过问卷调查的方式进行定量研究更是寥寥无几。目前，可查到的文献只有王成以内蒙古地区某高等学校为样本，调查大学生网络自律意识状况，并从大学生网络主体时间精力的消耗网络主体的异化以及媒体素养的弱化三个方面论述了大学生网络主体所面临的危机。但是，探索网络自律的因果机制对于分析网络自律问题、提升网络自律意识等理论和实践问题非常关键。为此，本书基于公开调查数据对网络自律的影响因素进行探讨。

目前，各相关学科针对网络自律问题的研究主要集中在如何培育大学生的网络自律意识方面，以智能手机等新媒体应用技术为分界点，具体可以分为两个阶段：2016 年以前为第一阶段，主要探讨互联网络使用中的大学生网络自律问题；2016 年后为第二阶段，主要探讨智能手机等新媒体应用条件下的大学生网络自律问题。

在第一阶段，秦继伟对当代大学生网络自律意识的培育进行了系统研究，首先对网络自律意识的概念、类型进行理论界定，在此基础上，结合调查数据对当代大学生网络自律意识的基本特征和影响因素进行分析；其次对大学生网络自律意识教育的基本内容、基本原则进行理论建构；最后对当代大学生网络自律意识教育对策进行探讨。张付丽、戴莉从高校辅导员工作的角度分析了如何培养大学生的网络自律精神，指出辅导员是大学生的直接管理者，建议采取多种有效手段，担负起大学生网络自律的管理者与引导者的职责。薛善增等以重庆科技学院为例，分析了当代大学生的网络自律意识问题及对策。研究发现，大学生配置电脑呈现低年级化，大学生每天上网的时间偏长，上网娱乐的时间多于学习时间，因上网引起的违纪和健康问题日益突出，提出大学生要严于律己、高等学校要加强教育引导、社会要营造健康的网络环境等对策。黄阳旸和孙耀胜对大学生网络自律培育综合体系进行研究，认为大学生网络自律培育综合体系的探究涉及政府部门、企业、家庭、学校、大学生自身五个方面，涵盖网络道德认知及培育、个人网络自律意识提升、良好网络习惯形成三个层次。用正确的措施来引导大学生，使其深刻认知所处的网络环境并了解网络失范行为带来的不良影响，引导大学生正确使用网络，促使其健康成长。

在第二阶段，严晶首次分析了智能手机时代大学生网络自律意识培育问题，通过问卷调查的方式，对大学生使用智能手机的现状进行调查。对调查对象的基本构成情况、智能手机使用的基本情况等进行问卷调查，并对调查的结果进行归纳和总结。通过分析调查结果，并把影响分为积极的和消极的，目的在于从正反两方面揭示智能手机的使用和普及在多大程度上给大学生的网络自律意识培养产生影响，以及通过怎样的方式影响。在此基础上，严晶还就如何利用智能手机的使用和普及来培育大学生网络自律意识进行了全面深刻地分析。徐晓燕等分析了在新媒体时代，大学生的网络自律意识发生了怎样的变化，以及如何通过适当的途径对大学生的网络自律意识进行培养。徐晓燕等认为，网络新媒体技术具有虚拟性，一方面为大学生的学习和生活提供了一定的帮助，另一方面不可避免地弱化了当代大学生的自我规训意识和自我约束意识。这样的结果可能造成大学生在网络道德方面出现一定程度的失范、在网络法律法规意识方面较为淡薄，以及部分大学生不注重现实世界中的社会交往，过度沉溺或者依赖互联网世界中的社会交往等网络问题。因此，培养当代大学生的网络自律意识，不是大学生本人及其家庭的责任，而是全体社会成员应该努力承担、共同应对的责任。大学生网络自律意识的培养，一方面离不开大学生自身的努力、所在高等学校及相关老师的教育和引导；另一方面需要社会各界，包括政府、企业、第三方机构等共同营造有利于大学生成长与成才的良好网络环境，这样才能形成针对大学生网络自律意识培养的教育合力，推动大学生网络自律意识培养取得成效。王云幸、邵彩玲研究了新时代大学生网络自律意识的培育路径，认为在当前的社会环境下，新时代大学生在以下五个方面存在网络自律问题，即社交、学习、娱乐、表达和消费。为解决这些问题，大学生要坚定理想信念，提高自我约束能力；敢于吃苦奋斗，避免娱乐化的上网倾向；遵守法律法规，厚植网络爱国主义情怀；内化诚信友善，健康文明地与他人交往；合理适度网购，树立正确理性的消费观。

从以上可以看出，现有的网络自律研究文献主要针对大学生群体，且尚无针对网络自律因果关系的研究。影响因素分析是因果机制研究的第一步，为此，本书从社会人口、家庭收入、主观幸福感、制度等方面对网络自律意识的影响因素做系统分析。

第二节 研究假设

一、影响网络自律意识的因素

从社会学角度而言，人的行为和意识受社会环境影响。因此，人的社会人口特征会影响其网络自律意识。社会人口特征一般以性别、年龄、受教育程度、所在区域、户籍身份、婚姻情况、收入、政治面貌、职业特征、行业特征、身体健康程度、心理健康程度等指标来刻画。

性别会对网络自律意识产生影响。一般而言，女性的自律意识比男性强，这与男性、女性的社会化和规训内容相关。在中国，女性更多地被教导、规训要自尊自爱、内敛、控制自己的情绪，以迎合主流价值观对女性的要求，即女性要自尊自爱，要时刻注意自己的言行举止，要遵守纪律。在网络中，女性由于长期接受这种内敛的规训，表现出比男性更加自律的特性。

一般认为，受教育程度越高的人越自律。一方面是因为自律性较强的人能获得为数不多的深造机会；另一方面可能因为受教育程度高的人，在长期受教育过程中，更具有规范意识、道德意识，更珍惜自己的形象。因此，受教育程度与自律意识呈正相关关系。

一般认为，居住在大城市的人由于受教育水平较高，周边各种规章制度较健全，其自律意识较高，较有素质，更讲文明；而住在农村地区和小城镇的人，自律意识则偏低。

党员的自律意识一般高于非党员。在中国，党员在个人能力、组织纪律性、思想道德素质等方面更胜一筹。因此，党员的自律意识往往比非党员高。

年龄方面，对于成年人而言，随着社会代际的更替，新一代群体可获得比上一代更好的教育，接受更多文明行为方面的规训。因此，随着年龄的增加，自律意识呈现下降趋势。

一般而言，收入越高的人综合素质越高，对自己的现状和处境更满意，自律意识也更强。同理，自律意识强的人，受教育程度更高，能力更强，从而可获得更高的收入。因此，整体而言，收入与自律意识呈正相关关系。

越觉得幸福的人，对现状和处境越满意，一般也具有更强的自律意识。同样，具有更强自律意识的人获得更高收入的可能性更大，主观幸福感一般也更高。因此，主观幸福感与自律意识呈正相关关系。

一般认为，在政府机关任职的人具有更强的自律意识。一方面是因为在政府机关任职的人，长期生活在讲究组织纪律性的意识环境里；另一方面是因为在政府机关任职的人不能随心所欲地表达，尤其在网络上。因此，政府机关任职与自律意识呈正相关关系。

基于与在政府机关任职相似的原因，党政机关领导一般具有更好的组织纪律性，比较注重自己的言行举止。

综上所述，本书的研究假设如下。

H1：女性的网络自律意识比男性强。

H2：受教育程度与网络自律意识呈正相关关系。

H3：居住于大城市的人网络自律意识比居住于中小城市和农村地区的人强。

H4：党员的网络自律意识比非党员强。

H5：年龄与网络自律意识呈负相关关系。

H6：收入与网络自律意识呈正相关关系。

H7：主观幸福感与网络自律意识呈正相关关系。

H8：在政府机关任职的人比不在政府机关任职的人具有更强的网络自律意识。

H9：党政机关领导比非党政机关领导具有更强的网络自律意识。

二、网络自律意识的性别差异

网络自律意识的影响因素的异质性是一个重要问题。为此，要考虑网络自律意识的影响因素是否具有性别差异。在受教育程度方面，男性的受教育程度对网络自律意识的影响是否大于女性？这是一个难有定论的问题，目前尚无相关研究。如果从规训的角度来看，一般而言，女性的家庭教育赋予女性更多的自律意识，其受教育程度对网络自律意识的影响小于男性。

在所在区域方面，居住在大城市的男性，是否比居住在大城市的女性具有更高的网络自律意识呢？基于同样的道理，在所在区域、政治面貌、年龄、家庭收入、主观幸福感、政府部门任职、党政机关领导等方面，对网络自律意识的影响女性一般小于男性。

因此，本书研究假设如下。

H10：相对于男性而言，社会人口特征对女性网络自律意识的影响较小。

三、网络自律意识的年龄差异

在分析网络行为和网络意识时，发现青年群体和中老年群体表现出很大的不同。这一方面是因为青年人和中老年人使用网络的习惯与对待网络的态度有很大的不同，另一方面是因为网络中常常发生代际间的冲突。因此，分析网络自律意识的年龄差异或者代际差异非常重要。一般认为，青年群体的可塑性更强，而中老年群体在各方面更趋于稳定和保守。因此，青年群体社会人口特征对网络自律意识的影响大于中老年群体。具体而言，性别差异对青年群体网络自律意识的影响比中老年群体大，受教育程度、所在区域、政治面貌、家庭收入、主观幸福感、政府机关任职、党政机关领导等社会人口特征对青年群体网络自律意识的影响也大于中老年人。

综合以上分析，我们提出以下假设。

H11：社会人口特征对青年群体网络自律意识的影响大于中老年群体。

四、网络自律意识的区域差异

区域差异对网络自律意识的影响也不容小觑。我国城乡差异较大，将这种区域异质性的因素引入网络自律意识影响因素研究，不仅能够捕捉到影响因子，而且能够使网络自律意识的影响因素研究更有具象性，更加贴近现实，也更有说服力。

社会人口特征对网络自律意识的影响具有什么样的区域异质性特征呢？大城市中社会人口特征对网络自律意识的影响大，还是中小城市或农村地区对网络自律意识的影响大？在大城市，各项规章制度较为完善、人口素质较高，但是人口异质性较大，整体而言，社会人口特征对网络自律意识的影响更大。在小城市或农村地区，由于人口素质普遍较低，异质性较小，社会人口特征对网络自律意识的影响更小。

基于以上分析，我们提出以下假设。

H12：大城市中社会人口特征对网络自律意识的影响大于小城市和农村地区。

第三节 研究设计

一、数据来源

本书的数据来源于中国人民大学马得勇教授于2018年8月进行的"网

民社会意识调查"。该调查以中国网民为对象，调查问卷的发放、收集均在线进行，问卷主要在"问卷网"（www.wenjuan.com）发放。通过微信（聊天与朋友圈）、问卷网（"爱调研"注册用户）、微博三个渠道分别收集了1363份、1761份、2291份问卷，合计5415份。网络调查问卷中除设置测量网民的意识形态、价值观、社会认同等问题及有关网络谣言的实验设计之外，还包含了媒体公布的数据。剔除了变量的缺失值后，得到5323份有效样本。

二、模型选择

本书采用多元回归分析法，模型表示如下：

$$y = \alpha_0 + \beta_1 sex + \beta_2 age + \beta_3 region + \beta_4 party + \beta_5 edu + \beta_6 happy + \beta_7 inc + \beta_8 gov + \beta_9 leader + \varepsilon \tag{3-1}$$

在式（3-1）中，y 表示因变量网络自律意识，α_0 表示截距项，sex 表示性别，β_1 表示性别对网络自律意识的影响系数；age 表示年龄，β_2 表示年龄对网络自律意识的影响系数；$region$ 表示所在区域，β_3 表示所在区域对网络自律意识的影响系数；$party$ 表示政治面貌，β_4 表示政治面貌对网络自律意识的影响系数；edu 表示受教育程度，β_5 表示受教育程度对网络自律意识的影响系数；$happy$ 表示主观幸福感，β_6 表示主观幸福感对网络自律意识的影响系数；inc 表示家庭年均收入，β_7 表示家庭年均收入对网络自律意识的影响系数；gov 表示政府部门任职，β_8 表示政府部门任职对网络自律意识的影响系数；$leader$ 表示党政机关领导，β_9 表示党政机关领导对网络自律意识的影响系数；ε 表示随机干扰项。

三、变量设计

1. 因变量

本书的因变量是网络自律意识，采用的题项是"您觉得可信赖、自律性强吗？"1~7分，1分表示非常不自律，7分表示非常自律。

2. 影响因素

性别：受访者的性别，类别变量，1表示男性，0表示女性。

受教育年限：受访者的受教育年限，定序变量，1~4分。1分表示初中及以下，2分表示高中，3分表示本专科，4分表示硕、博士。分值越高，表示受教育程度越高。

年龄：受访者的年龄，该调查只访问成年人，不包含未成年人，定序变量。18~24岁为1分，25~29岁为2分，30~34岁为3分，35~39岁为4分，40~44岁为5分，45~49岁为6分，50~54岁为7分，55~59岁为8分，60岁以上为9分。年龄越大，分值越大。本书将其调整为类别变量，1表示34岁及以下，为青年群体；0表示35岁及以上，为中老年群体。

所在区域：受访者所在区域，类别变量，1~4分。1分表示大城市，2分表示中等城市，3分表示小城市，4分表示农村地区。

主观幸福感：受访者的主观幸福感，题项为"总体来讲，您觉得您现在幸福吗？"1~5分，定序变量，1分为非常不幸福，2分为比较不幸福，3分为一般，4分为比较幸福，5分为非常幸福，分值越大，主观幸福感越强。

政治面貌：受访者的政治面貌，类别变量，分为中共党员、民主党派和一般群众。本书将其调整为1为中共党员，0为其他。

家庭年均收入：受访者的家庭年均收入，题项为"您家庭的平均年收入大概多少万元？"（以"万元"为单位，只能为阿拉伯数字，如5或5.5），本书中将其调整为定序变量，1~6分，4万元以下为1分；4万~<8万元为2分；8万~<12万元为3分；12万~<20万元为4分；20万~50万元为5分；50万元以上为6分。

政府机关任职：受访者是否在政府机关任职。1表示受访者在政府机关任职，0表示受访者不在政府机关任职。

党政机关领导：受访者是否为党政机关领导。1表示受访者是党政机关领导，0表示受访者不是党政机关领导。

各变量的描述性统计具体见表3-1。

表 3-1 变量描述性统计

变量	均值	标准差	最小值	最大值	变量描述
网络自律意识	5.11	1.50	1	7	1~7分，分值越大，自律性越强
性别	0.55	0.50	0	1	类别变量，0=女；1=男
受教育年限	3.08	0.65	1	4	1=初中及以下，2=高中，3=本专科，4=硕、博士
年龄	0.72	0.45	0	1	35岁以下=1；35岁及以上=0
所在区域	1.90	1.01	1	4	类别变量，1=大城市，2=中等城市，3=小城市，4=农村地区
主观幸福感	3.92	0.93	1	5	1~5分，1=非常不幸福，5=非常幸福
政治面貌	0.32	0.47	0	1	0=其他，1=中共党员
家庭年均收入	3.07	1.35	1	6	1=4万元以下；2=4万~<8万元；3=8万~<12万元；4=12万~<20万元；5=20万~50万元；6=50万元以上
政府机关任职	0.19	0.39	0	1	1=在政府机关任职；0=不在政府机关任职
党政机关领导	0.07	0.26	0	1	1=是党政机关领导；0=不是党政机关领导

第四节 研究结果分析

一、描述性统计

表3-1为相关变量的描述性统计。网络自律意识的均值为5.11，标准差为1.50，最小值为1，最大值为7，3.5分为中位数。整体而言，网民的网络自律意识较高；性别的均值为0.55，标准差为0.50，最小值为0，最大值为1，0.5分为中位数，说明本问卷的受访者以男性为主，男性样本占55%，女性样本占45%；受教育年限的均值为3.08，标准差为0.65，最小值为1，最大值为4，2分为中位数，说明本问卷的受访者受教育年限较高，以本专科学历及硕、博学历为主；年龄的均值为0.72，标准差为

0.45，最小值为0，最大值为1，0.5分为中位数，说明本问卷的受访者以青年群体为主，青年群体占72%，中老年群体占28%；所在区域的均值为1.90，标准差为1.01，最小值为1，最大值为4，说明本问卷的受访者以大城市和中等城市群体为主，小城市和农村地区样本较少。政治面貌的均值为0.32，标准差为0.47，最小值为0，最大值为1，说明本问卷的受访者以非党员群体为主，中共党员占32%，非中共党员占68%；主观幸福感的均值为3.92，标准差为0.93，最小值为1，最大值为5，说明本问卷的受访者大多数感觉比较幸福；家庭年均收入的均值为3.07，标准差为1.35，最小值为1，最大值为6，说明本问卷的受访者家庭平均收入在8万~20万元；政府机关任职的均值为0.19，标准差为0.39，最小值为0，最大值为1，说明本问卷的受访者大多不在政府部门任职，在政府部门任职的受访者占19%，不在政府部门任职的受访者占81%；党政机关领导的均值为0.07，标准差为0.26，最小值为0，最大值为1，说明本问卷的受访者大多不是党政机关领导，属于党政机关领导的受访者占7%，不是党政机关领导的受访者占93%。

二、回归分析结果

1. 网络自律意识影响因素的整体回归结果

网络自律意识影响因素的多元回归分析采用逐步回归法，结果如表3-2所示。模型1只加入性别变量和受教育程度变量，模型2在模型1的基础上加入所在区域变量，模型3在模型2的基础上加入政治面貌、年龄、家庭年均收入、主观幸福感四个变量，模型4在模型3的基础上加入政府部门任职和党政机关领导两个变量。从表3-2可以看出，模型1中，性别对网络自律意识的影响系数为-0.117，在1%的显著性水平上显著，说明性别对网络自律意识具有显著的负向影响，男性群体比女性群体的网络自律意识低；受教育程度对网络自律意识的影响系数为0.09480，在1%的显著性水平上显著，说明受教育程度对网络自律意识具有显著的正向影响，受教育程度每上升一个等级，网络自律意识就增加 0.09480 个单位。

表 3-2　网络自律意识影响因素多元回归分析结果

因变量		网络自律意识			
		模型 1	模型 2	模型 3	模型 4
性别		-0.117***	-0.145***	-0.177***	-0.175***
		(0.0408)	(0.0403)	(0.0397)	(0.0398)
受教育程度		0.09480***	0.00963	0.00124	0.00198
		(0.0312)	(0.0314)	(0.0326)	(0.0326)
所在区域（以大城市为参照）	中等城市		-0.307***	-0.218***	-0.218***
			(0.0496)	(0.0507)	(0.0507)
	小城市		-0.551***	-0.385***	-0.384***
			(0.0550)	(0.0569)	(0.0569)
	农村地区		-0.854***	-0.565***	-0.565***
			(0.0734)	(0.0770)	(0.0770)
政治面貌				0.0986**	0.1060**
				(0.0441)	(0.0444)
年龄				-0.429***	-0.431***
				(0.0452)	(0.0452)
家庭年均收入				0.121***	0.123***
				(0.0162)	(0.0164)
主观幸福感				0.147***	0.150***
				(0.0220)	(0.0221)
政府机关任职					0.0189
					(0.0625)
党政机关领导					-0.159*
					(0.0941)
常数项		4.882***	5.421***	4.721***	4.709***
		(0.100)	(0.107)	(0.149)	(0.149)
观测值		5323	5323	5323	5323
R^2		0.003	0.038	0.072	0.073

注：括号内为标准差，***$p<0.01$，**$p<0.05$，*$p<0.1$。

模型 2 中，加入所在区域变量后，受教育程度变量变得不再具有统计学意义上的显著性，但所在区域内各类别都对网络自律意识具有非常显著的影响。相对于大城市，中等城市对网络自律意识的影响系数为-0.307，在1%的显著性水平上显著，说明相对于大城市，中等城市居民网络自律意识平均下降0.307个单位；相对于大城市，小城市对网络自律意识的影响系数为-0.551，在1%的显著性水平上显著，说明相对于大城市，小城市居民网络自律意识平均下降0.551个单位；相对于大城市，农村地区对网络自律意识的影响系数为-0.854，在1%的显著性水平上显著，说明相对于大城市，农村地区居民网络自律意识平均下降0.854个单位。从以上结果可以看出，小城市和农村地区居民网络自律意识差，这种差异在统计学意义上非常显著。

模型3中，政治面貌对网络自律意识的影响系数为0.0986，在5%的显著性水平上显著，说明政治面貌对网络自律意识具有显著的正向影响，党员比非党员的网络自律意识平均高了0.0986个单位；年龄对网络自律意识的影响系数为-0.429，在1%的显著性水平上显著，说明年龄对网络自律意识具有显著的影响，青年群体比中老年群体的网络自律意识平均低了0.429个单位；家庭年均收入对网络自律意识的影响系数为0.121，在1%的显著性水平上显著，说明家庭年均收入对网络自律意识具有显著的正向影响，家庭年均收入每提升一个等级，人们的网络自律意识就提升0.121个单位；主观幸福感对网络自律意识的影响系数为0.147，在1%的显著性水平上显著，说明主观幸福感对网络自律意识具有显著的正向影响，主观幸福感每提升一个等级，人们的网络自律意识就提升0.147个单位。

模型4中，政府机关任职对网络自律意识不具有统计学意义上的显著影响；党政机关领导对网络自律意识的影响系数为-0.159，在10%的显著性水平上显著，说明党政网络自律意识具有机关领导对显著的负向影响，非党政机关领导比党政机关领导的网络自律意识平均低了0.159个单位。

2. 网络自律意识的性别差异

网络自律意识的性别差异如表3-3所示。从表3-3中可以看出，男性群体和女性群体网络自律意识整体上差别不大。具体而言，受教育程度方面，男性群体和女性群体都不具有显著影响；所在区域方面，男性群体和女性群体都具有显著影响，其中，男性所在区域对其网络自律意识的影响程度稍大于女性群体；政治面貌方面，女性群体的政治面貌对其网络自律意识具有显著影响，而男性群体的政治面貌对其网络自律意识不具有显著影响；年龄方面，女性群体和男性群体的年龄都对其网络自律意识具有显著影响，但女性群体的年龄对其网络自律意识的影响小于男性；家庭年均收入方面，女性群体和男性群体的家庭年均收入都对其网络自律意识具有显著影响，但家庭年均收入对女性群体的网络自律意识的影响大于男性；主观幸福感方面，女性群体和男性群体的主观幸福感都对其网络自律意识具有显著影响，但女性群体的主观幸福感对其网络自律意识的影响小于男性；政府机关任职方面，女性群体和男性群体在政府机关任职都对其网络自律意识不具有显著影响；党政机关领导方面，女性党政机关领导对其网络自律意识不具有显著影响，而男性党政机关领导对其网络自律意识具有显著负向影响，男性群体的影响系数明显大于女性群体。

表 3-3 网络自律意识的性别差异

因变量		女性群体	男性群体
受教育程度		-0.0643	0.0474
		(0.0479)	(0.0444)
所在区域（以大城市为参照）	中等城市	-0.136*	-0.282***
		(0.0751)	(0.0686)
	小城市	-0.415***	-0.355***
		(0.0816)	(0.0789)
	农村地区	-0.564***	-0.584***
		(0.106)	(0.112)
政治面貌		0.1480**	0.0679
		(0.0658)	(0.0601)
年龄		-0.172**	-0.611***
		(0.0682)	(0.0605)
家庭年均收入		0.128***	0.115***
		(0.0240)	(0.0223)

续表

因变量	女性群体	男性群体
主观幸福感	0.149***	0.153***
	(0.0339)	(0.0291)
政府机关任职	-0.0522	0.0534
	(0.0998)	(0.0804)
党政机关领导	-0.0646	-0.2160*
	(0.154)	(0.119)
常数项	4.682***	4.551***
	(0.223)	(0.195)
观测值	2398	2925
R^2	0.062	0.088

注：括号内为标准差，***$p<0.01$，**$p<0.05$，*$p<0.1$。

3. 网络自律意识的年龄差异

网络自律意识的年龄差异如表3-4所示。从表3-4中可以看出，青年群体和中老年群体网络自律意识整体上差别很大。具体而言，性别方面，青年群体和中老年群体都具有显著影响，但影响大小和方向差异很大。在青年群体中，男性的网络自律意识显著低于女性；而在中老年群体中，男性的网络自律意识明显高于女性。受教育程度方面，青年群体和中老年群体的受教育程度对其网络自律意识不产生显著影响。所在区域方面，青年群体和中老年群体差别很大。在青年群体中，所在区域对其网络自律意识大多具有显著影响；而在中老年群体中，所在区域对其网络自律意识大多不具有显著影响，除了农村地区与大城市具有较为显著的差别以外。政治面貌方面，中老年群体的政治面貌对其网络自律意识不具有显著的影响；而青年群体中，政治面貌对其网络自律意识具有显著影响。家庭年均收入方面，中老年群体和青年群体的家庭年均收入都对其网络自律意识具有显著影响，但中老年群体家庭年均收入对其网络自律意识的影响小于青年群体。主观幸福感方面，中老年群体和青年群体的主观幸福感都对其网络自律意识具有显著影响，但中老年群体的主观幸福感对其网络自律意识的影响小于青年群体。政府机关任职方面，中老年群体和青年群体在政府机关任职都对其网络自律意识不具有显著影响。党政机关领导方面，中老年党政机关领导对其网络自律意识不具有显著影响，而青年党政机关领导对其网络自律意识具有显著负影响，青年群体的影响系数也明显大于中老年群体。

表 3-4　网络自律意识的年龄差异

因变量		青年群体	中老年群体
性别		−0.289 ***	0.134 *
		(0.0479)	(0.0699)
受教育程度		−0.00826	0.05600
		(0.0399)	(0.0563)
所在区域（以大城市为参照）	中等城市	−0.346 ***	0.107
		(0.0607)	(0.0911)
	小城市	−0.5200 ***	−0.0832
		(0.0689)	(0.0980)
	农村地区	−0.644 ***	−0.428 ***
		(0.0883)	(0.1620)
政治面貌		0.0933 *	0.0940
		(0.0539)	(0.0767)
家庭年均收入		0.134 ***	0.0782 ***
		(0.0195)	(0.0300)
主观幸福感		0.180 ***	0.103 ***
		(0.0271)	(0.0371)
政府机关任职		−0.0135	0.0946
		(0.0789)	(0.0982)
党政机关领导		−0.3090 ***	0.0966
		(0.119)	(0.146)
常数项		4.305 ***	4.521 ***
		(0.184)	(0.243)
观测值		3810	1513
R^2		0.072	0.036

注：括号内为标准差，***$p<0.01$，**$p<0.05$，*$p<0.1$。

4. 网络自律意识的区域差异

网络自律意识的区域差异如表 3-5 所示。在网络自律意识区域差异方面，不同类型的区域存在较大差别。具体而言，性别方面，在大城市和中等城市，性别对网络自律意识都产生显著影响；但在小城市和农村地区，性别对网络自律意识不产生显著影响。受教育程度方面，大城市居民受教育程度对其网络自律意识具有显著正向影响；而在中等城市、小城市和农村地区，居民受教育程度对其网络自律意识不具有显著影响。政治面貌方面，在小城市，居民政治面貌对其网络自律意识具有显著正向影响；而在大城市、中等城市和农村地区，居民政治面貌对其网络自律意识不具有显著影响。家庭年均收入方面，大城市、中等城市和小城市居民的家庭年均收入对其网络自律意识具有显著影响；而在农村地区，家庭年均收入对其网络自律意识不具有显著影响。主观幸福感方面，大城市、中等城市、小城市和农村地区居民的主观幸福感对其网络自律意识都具有显著影响，小城市居民主观幸福感对其网络自律意识的影响系数最小。政府机关任职方面，中等城市、小城市和农村地区居民政府机关任职对其网络自律意识都不具有显著影响；而在大城市，政府机关任职对其网络自律意识具有显著影响。党政机关领导方面，党政机关领导所在区域对其网络自律意识不具有显著影响。

表 3-5 网络自律意识的区域差异

因变量	网络自律意识			
	大城市	中等城市	小城市	农村地区
性别	−0.1100**	−0.3380***	−0.0897	−0.1900
	(0.0518)	(0.0835)	(0.1010)	(0.1520)
受教育程度	0.0902*	0.0305	−0.0981	−0.0135
	(0.0506)	(0.0688)	(0.0790)	(0.0828)
政治面貌	0.0240	0.1180	0.2390**	0.1910
	(0.0576)	(0.0909)	(0.1160)	(0.1940)
年龄	−0.235***	−0.729***	−0.651***	−0.464**
	(0.0549)	(0.1050)	(0.1160)	(0.2010)

续表

因变量	网络自律意识			
	大城市	中等城市	小城市	农村地区
家庭年均收入	0.0784***	0.203***	0.160***	0.0435
	(0.0205)	(0.0333)	(0.0451)	(0.0749)
主观幸福感	0.1190***	0.2480***	0.0980*	0.2240***
	(0.0300)	(0.0483)	(0.0525)	(0.0735)
政府机关任职	0.178**	-0.106	-0.145	-0.291
	(0.0787)	(0.1260)	(0.1640)	(0.3280)
党政机关领导	-0.0680	-0.2200	-0.2890	-0.3750
	(0.117)	(0.192)	(0.249)	(0.504)
常数项	4.529***	4.118***	4.853***	4.115***
	(0.218)	(0.305)	(0.332)	(0.429)
观测值	2503	1350	995	475
R^2	0.028	0.085	0.056	0.043

注：括号内为标准差，***$p<0.01$，**$p<0.05$，*$p<0.1$。

第五节 结论与讨论

本章采用中国人民大学马得勇教授于 2018 年 8 月进行的"网民社会意识调查"数据，运用多元线性回归模型分析了网络自律意识的影响因素，得出以下结论。

一是大多数情况下，社会人口特征对网络自律意识具有显著影响，具体表现为：女性的网络自律意识高于男性；受教育程度对网络自律意识具有显著的正向影响；小城市和农村地区居民网络自律意识差，这种差异在统计学意义上非常显著；党员比非党员的网络自律意识高；青年群体比中老年群体的网络自律意识低；家庭年均收入对网络自律意识具有显著的正向影响；主观幸福感对网络自律意识具有显著的正向影响；政府部门任职对网络自律意识不具有统计学意义上的显著性；是否为党政机关领导对其网络自律意识具有显著的负向影响。

二是社会人口特征对网络自律意识的影响不具有明显的性别异质性。

三是社会人口特征对网络自律意识的影响具有明显的年龄异质性。整体而言，社会人口特征对青年群体网络自律意识的影响大于中老年群体。

四是社会人口特征对网络自律意识的影响具有明显的区域异质性。整体而言，社会人口特征对小城市和农村地区居民的网络自律意识的影响大于大城市和中等城市。

本章通过分析网络自律意识的社会人口特征影响因素的作用，对于我们了解网络自律意识的因果机制，提出相应的对策，特别是在培育网络自律意识过程中如何有针对性地采取措施，提供了经验证据支持。

第四章

新时代青年网络自律意识培育的制度规范路径

《公民道德建设实施纲要》强调，要通过适当的方式，逐步实现公民的道德教育与社会管理相互补充、相互促进，公民的自律行为与他律行为互为补充、相互促进；要综合运用学校教育、法律法规、行政干预以及社会舆论宣传等各种手段，采取人民群众喜闻乐见的方式方法，更加有效地强化意识形态建设，从而达到规范公民行为的目标。从这个角度来看，将公民道德教育与社会管理统一起来，相互配合、相互促进，是公民道德建设的主要原则之一。① 加强网络主体的道德自律意识不仅要靠网络主体自觉养成良好的网络自律意识，而且要利用法律、技术、经济等外在手段来制约，完善网络道德他律机制，营造积极健康的网络文化氛围，构筑风清气正的网络精神家园。

第一节　网络立法调控

网络立法，是指以法律的形式来保护个人的信息安全及其合法权益免受损害，并确立网络身份管理制度，明确网络服务提供者的责任与义务，同时赋予政府主管部门必要的监察手段。近年来，网络技术的快速发展给网络立法带来了全新挑战，这就需要加强和完善网络立法，贯彻落实到实处，保障网络的正常运行，维护广大网民的正当权利。

---

① 中共中央宣传部宣传教育局.《公民道德建设实施纲要》学习读本［M］.北京：新华出版社，2001：6.

一、国外网络立法

1. 关于网络立法的争议

尽管各国在发展水平、基本理念、历史渊源和文化传统等方面存在巨大差异,但各国都不约而同地采用了立法的方式来监督和管理网络,尤其是在立法保护未成年人的网络权利方面成效显著,使未成年人免受网络不良信息、网络犯罪的毒害。然而直到今天,我们也仍然会听到西方民众反对网络立法的呼声,在其看来立法势必影响他们的自由。

网络行为主体的道德自律,是指网络行为主体在没有受到外部妨碍或干扰的情况下,基于理性化的认知、对网络交往和网络信息传播的认知所做的自觉行为或者自愿行为。如美国哲学家罗尔斯教授所指出的那样,应该将人类的自律行为看成是一种自由平等的理性存在。[①] 众所周知,自律即严格约束和要求自己,但一些人据此认为自律就是限制自由,讲自由就不应当有自律,自律越多自由便越少,自律和自由是相互排斥和对立的。事实上,世界上不存在不受任何约束和限制的自由。自由离不开自律,自律保障人的自由。只有自觉遵守国家的法律及各种规章制度,拥有较强的自律意识,约束自己的行为,才能获得自由。从这个意义上说,自律是实现自由的前提条件。

网络信息技术的开发和使用,确实给广大网民提供了一个相对自由的环境。但是,自由并不代表着不受法律法规的约束和限制。因此,加强网络立法对于网络主体道德自律的发挥具有重要的促进作用。网络主体在享受自由权利的同时,必须承担相应的道德自律义务。自律可以有效约束网络主体对自由权利的滥用。总之,自律与自由密不可分,没有自律,也就没有自由。

2. 美国针对未成年人保护的网络立法

尽管受各种因素制约,国外网络立法较缓慢,但已有不少国家把互联

---

① 罗尔斯. 正义论 [M]. 北京:中国社会科学出版社,1988:3.

网立法置于国家发展战略高度并提上议事日程。以美国针对未成年人网络保护立法为例，在1996年，美国正式通过并颁布《通信规范法案》（CDA）。该法案明确，对未满18周岁的未成年人可能接触的网络平台或者电子设备，如果出现传播、制作、教唆或纵容传播包含猥亵、色情，或者低俗内容的言论或电子影像等可能对未成年人产生有害影响的行为，均被认定为犯罪行为。

1998年，美国国会颁布了《儿童在线隐私保护法》（COPPA），这部法律明确规定，具有商业性质的成人网站，除有特殊规定外，不得允许17岁及以下的未成年群体在线浏览或者下载色情内容；1999年，美国国会颁布了《儿童网络隐私规则》，于2000年4月正式生效。

2000年，美国国会又颁布了《儿童互联网保护法》。该法案规定，美国境内的所有公共图书馆必须配置联网计算机，安装过滤色情信息的系统。如果不安装色情信息过滤系统，图书馆将在一定时期内无法得到美国联邦政府提供的技术补助金。随着法律的完善和延展，美国境内的中小学校、大专院校以及对市民开放的公共图书馆，其配置的联网计算机根据相关法律规定都安装了过滤色情信息的软件。综上所述，美国从1996年起至今已通过4部相关法律法规，保护青少年免受网络不良内容的侵害。①

3. 国外的网络安全管理实践

我们知道，网络信息技术最早从美国兴起并发展，西方发达国家一方面享受着网络信息技术带来的利好，如生产效率提高、社会交往范围扩大、信息传播效率提高等；另一方面不可避免地遭遇网络产生的问题。为最大限度确保网络安全，进一步规范网络社会交往秩序和网络信息传播秩序，西方国家组织不同学科领域的学者对此进行了大量研究论证，在互联网安全管理相关技术的开发和应用上取得了很大进展，主要手段就是开发使用有效的过滤软件和防范技术。通过使用这些过滤软件和防范技术，西

---

① 唐勇. 美国，网上扫黄不轻松. 人民日报 [N]，2004-08-16（7）.

方发达国家在网络安全管理方面取得了明显成效。①

西方发达国家除了在技术开发与应用层面采用剔除不良信息、有害信息的过滤软件和定级系统之外，还以立法的方式对网络交往与网络信息传播等进行限制和约束，先后出台了大量具有针对性的法律法规。例如，德国在1997年通过了针对网络信息和通信服务的法案《信息与通信服务法》，成为世界首个为规范网络社会交往和网络信息传播行为而颁布法案的国家。随后，澳大利亚也制定了《广播与网上业务法》，规范网络社会交往和网络信息传播行为。

新加坡政府也不甘落后，为规范网络交往和网络信息传播，制定出了一系列行之有效的针对性政策，并在此基础上设立了网络监督与管理专门机构，先后出台了《网络管理办法》《网络行为准则》《网络内容指导原则》，取得了积极成效。韩国也加强了网络管理立法，韩国政府将学校教育与网络立法综合到一起，两手抓；开发或者购买各种网络传播内容过滤技术，致力于营造积极向上的互联网环境。

综上所述，国外一些国家针对互联网制定了相应的法律法规和管理制度，探索并积累了许多宝贵经验，值得学习借鉴。

二、我国网络立法

1. 网络犯罪的现状

目前，网络犯罪增势迅猛，为此，亟须落实相关法律法规，发挥法律的强制约束力，遏制网络犯罪，维持网络空间的正常秩序。

随着网络信息技术的不断迭代，加大网络立法力度，预防网络犯罪，维护信息安全，已成为必须解决的难题。1997年，我国网络违法犯罪案件不到30起；1998年，我国网络违法犯罪案件超过了140起，比上一年增长近4倍；1999年，我国网络违法犯罪案件超过900起，比上一年增长了5倍；2000年，我国网络违法犯罪案件增加到了2600多起，比1999年增

---

① BROWNING, GRAME. Electronic democracy: Using the internetto transform american politics [M]. 2rd ed Independent Pub Group, 2000.

长了近 2 倍；2001 年，我国网络违法犯罪案件达到 4545 起。① 目前，我国网络相关违法犯罪案件主要有四大类型：一是反动渗透。一些受西方敌对势力支持的境外反对分子，利用互联网，进行不得民心的反动渗透。二是"黑客"入侵。不法分子基于各种目的，对攻击对象进行一系列非法破坏活动。三是色情内容传播。不法分子通过网络开启色情话题，传播淫秽色情信息。四是非法牟利。不法分子利用网络以各种手段和方式，牟取非法利益，损害被害人的财产权益。② 综上所述，网络犯罪已经严重威胁到网络健康发展，依法治网的专项行动和对网络主体行为的规范约束，刻不容缓。

2. 网络立法实践

随着互联网技术的不断发展，互联网应用的不断深入，许多与网络社会交往和网络信息传播有关的问题随之产生。近年来，为了更好地打击网络犯罪，我国制定出台了一系列与网络治理相关的法律、行政法规及政策，如《互联网上网服务营业场所管理办法》《互联网站从事登载新闻业务管理暂行规定》《互联网信息服务管理办法》《互联网电子公告服务管理规定》等。网络信息技术的开发和应用不断取得新进展，为打击网络犯罪提供了有效手段。通过破获各种网络犯罪案件，惩治不法分子起到震慑教育作用。通过网络立法，并依据法律对网络犯罪进行有效打击，依法治网取得了突出成效。

3. 加强未成年人保护的网络立法

在未成年人网络保护方面，我国已建立起一套行之有效的法律体系，主要包括《中华人民共和国未成年人保护法》《中华人民共和国刑法》《全国人民代表大会常务委员会关于维护互联网安全的决定》《中华人民共和国预防未成年人犯罪法》等；与网络社会交往和网络信息传播行为相关的行政法规有《互联网上网服务营业场所管理条例》《计算机信息网络国

---

① 熊澄宇. 信息社会 4.0：中国社会建构新对策 [M]. 长沙：湖南人民出版社，2002：185.
② 刘文富. 网络政治：网络社会与国家治理 [M]. 北京：商务印书馆，2002：323.

际联网安全保护管理办法》《互联网信息服务管理办法》《中华人民共和国电信条例》等。2000年，教育部发布《关于加强高等学校思想政治教育改进网络工作的若干意见》，为规范高等院校网络行为提供了重要依据。2001年，教育部、文化部等相关部门联合发布《全国青少年网络文明公约》，要求对青少年网络社会交往与网络信息传播行为加强约束和指导。通过制定相关法律法规，规范明确网络行为主体进行网络社会交往和网络信息传播过程中享有的权利及履行的义务，可以达到约束网络行为主体的网络作为，加大各种违法犯罪行为的打击力度，保护新时代青年合法权益的最终目的。

4. 社会各界打击网络色情犯罪的责任

青年时期是人生的关键期，是新时代青年学习各类知识和性格养成的重要时期。网络色情信息污染青年心灵，进而腐蚀其思想道德。社会学习理论认为，人可以通过一定的渠道获得相关经验和知识，经过自我调整和模仿并内化为其日常习惯行为。为保护青年免受网络色情信息的侵害，政府、业界、家庭、学校乃至整个社会都有责任净化网络空间，为新时代青年留下一片纯净的互联网蓝天。

（1）政府责任

伴随互联网的飞速发展，很多新的问题接踵而来，政府部门有必要通过网络立法，在保障未成年人享有网络权益的同时防止有害信息对其的侵害。基于网络的虚拟性，法律和行政手段的作用受限，但相关部门不能因此就可以无所作为。首先，相关部门可制定网络规范性政策文件，严惩网络犯罪。建立一套统一的量化标准，明确网络服务商在防范未成年人浏览并接触网络色情信息方面的责任，加强网络信息监管，加大力度打击传播淫秽色情信息等网络犯罪，净化网络环境。其次，相关部门应设立举报网站和监督举报热线，开展打击信息犯罪的专项活动，动员全社会力量保护青少年用网安全。

（2）业界责任

从事互联网业务的相关单位要自觉遵守网络服务的相关规定，禁止接入含有有害信息的网站，彻底消除有害信息。各网站平台要自觉杜绝淫秽、色情等不良信息，对散播淫秽信息的网络用户要列入黑名单，自觉抵制含有色情信息的广告和链接。此外，要为青少年建立网络安全保护机制，开发建设青少年和儿童网站，实现成人与青少年网络资源的分流管理。

（3）家庭责任

家庭是青少年成长的重要环境，对培养其网络自律意识具有重要作用，青少年的性格和行为习惯养成离不开家庭的熏陶。家庭是青少年网络安全的重要防线，家长不能因为网络上存在不良信息就禁止孩子上网，这就要求家长提高对网络的认知，督促并帮助新时代青年规范文明上网，自觉遵守网络法律法规，在行为上为孩子树立良好的表率。同时，家长要学会倾听孩子学业和感情方面面临的问题，关注孩子的心理健康，积极与子女进行沟通交流，避免其因为逃避现实压力而沉溺网络。此外，家长需要关注孩子的上网情况，如上网的时长和内容，引导孩子遵守法律，不散布色情暴力和未经核实的不良信息，提高孩子对网络不良信息的判断能力。

（4）学校责任

学校是培养学生网络自律意识的重要场所，一个具有良好精神面貌和优良风气的校园环境有助于学生自律意识的培养，有利于学生树立正确的世界观、人生观和价值观。学校要加强网络安全意识教育，提高警惕并增强防范意识，正确认识网络问题，保护学生不受网络色情、暴力信息的侵袭。学校在日常德育教育方面应加强网络法制教育，强化学生自觉遵守相关法规的底线意识。要让学生对法律保持敬畏之心，不可存侥幸心理。学校要加强网络自律教育，使学生学会自我管理，提高分辨能力。

（5）社会责任

新时代青年网络自律意识偏低是一个亟须解决的社会问题，需要社会各界齐抓共管，最大限度减少网络对新时代青年的负面影响。社会要营造有利于青年培养网络自律意识的良好氛围，一是要健全网络法律法规，形成科学、完备的法律体系，努力为新时代青年的健康成长提供富有正能量的网络文明环境。二是要疏通舆论监督渠道，做好舆论引导工作。要利用新媒体技术，如微信、微博、抖音等平台，就新时代青年关心的社会热点问题做积极的回应。三是要弘扬积极向上的社会风尚，建设健康的网络文化，通过文化提升新时代青年的网络自律认知。

总之，完善加强网络立法刻不容缓。为此，迫切需要完善网络法律法规，用法律规范网络，避免互联网成为"法外之地"。

第二节　新时代青年网络法律自律意识教育的主要内容

基于新时代青年网络法律自律意识的基本特征，将网络法律自律意识教育区分为新时代青年的网络知法意识教育、网络守法意识教育和网络安全意识教育三部分。

一、新时代青年的网络知法意识教育

知法意识，是指行为主体自觉、主动学习法律法规知识的观念和意识。在我国，对学生的法律知识教育从小学开始一直延续到大学，但新时代青年对法律基础知识的了解仍比较肤浅。这主要是由于受"应试教育"的影响，新时代青年往往只注重专业课程的学习而忽视法律等公共课程学习，多半临时突击应付考试。[①] 此外，新时代青年习惯于被动地接受和学习法律知识，新时代青年的知法意识不强，法律知识基础薄弱。除此之外，我国关于网络方面的专项立法仍滞后，大部分分散于其他相关法律，网络法律法规的系统性欠缺。因此，新时代青年网络知法意识教育显得尤为重要。网络知法意识教育是指教育者根据中国特色社会主义网络法律规范的要求和新时代青年身心发展规律，有目的、有计划、有组织地对其身心施加影响，以期提升新时代青年网络知法意识水平的活动。

具体而言，新时代青年网络知法意识教育需要着重把握以下三个方

---

① 李金忠. 法律情感、法律认知、法律理念：新时代法律意识培养三部曲[J]. 中国成人教育，2012（22）：54-56.

面：一是知法意识重要性教育。知法意识教育有助于新时代青年深化法律知识重要性的理解，提高新时代青年知法意识有助于其在网络生活中规范自身的行为，并防范网络其他主体的违规行为对其的不利影响。二是知法意识的培养教育。通过教育，让新时代青年明确知法意识培养的方式、途径和方法。三是法律知识教育。知法，就是要学法。要明确法律知识教育的范围、体系和重点，力图通过知法教育使新时代青年建立系统的法律知识体系，尤其是要强化具体法定权利和法定义务的教育，如《中华人民共和国宪法》《中华人民共和国刑法》《中华人民共和国治安管理处罚法》《中华人民共和国国家安全法》《全国人民代表大会常委会关于维护互联网安全的决定》《中华人民共和国保守国家秘密法》等与网络规制相关内容的学习。同时，各高等学校要结合实际，组织新时代青年对与网络安全和网络规制相关的地方性规章、文件进行深入系统的学习。

二、新时代青年的网络守法意识教育

形成知法意识不是网络法律自律教育的目的，只是新时代青年形成守法意识的前提和基础。要实现新时代青年网络自律，关键和核心环节是要培养新时代青年的网络守法意识。守法意识是行为主体自觉、主动遵守法律的观念和意识。遵守网络法律法规，是公民"遵纪守法、明礼诚信"的道德规范延伸到网络生活。新时代青年网络守法意识教育是教育者根据中国特色社会主义网络法律规范的要求和新时代青年身心发展规律，有目的、有计划、有组织地对其身心施加影响，以期提升新时代网络守法意识水平的活动。网络守法意识教育的目标是提升新时代青年自觉、主动遵守网络法律法规的意识，行使网络法律赋予的权利和履行网络法律规定的义务，并将网络法律规范内化为网络行为主体的行为准则。

具体而言，网络守法意识教育主要包括如下三个方面的内容。一是网络守法意识教育的重要性教育。要让新时代青年明确网络中遵纪守法既是维护网络社会秩序的需要，也是维护其自身合法权利的需要。网络守法可维护网络行为主体自身的合法权益免遭不法行为的侵害。二是网络守法教育的层次性，有三个层次：①不违法犯罪，网络行为主体能履行法律规定的各项义务,这是低层次;②有法必依,网络行为主体不但享有法律赋予的各种权利,还要履行法律规定的义务,这是中间层次;③行为主体基于外在压力和内在动机两种路径将法律规范内化为自身的价值观念,这是高层次。① 三是网络守法意识的实践教育。守法意识教育仅靠课堂教学难以完成,高等学校必须通过创设网络法制教育情境,让新时代青年在网络实践中形成守法意识。

三、新时代青年网络安全意识教育

随着网络的普及,网络安全风险日益扩展。大部分新时代青年在网络活动中不知道如何保护自己,网络安全意识不强,主要表现有:①网络安全知识贫乏;②网络安全意识薄弱;③自我约束能力差,抵制诱惑的能力不足;④网络安全防范能力差。② 因此,网络安全意识教育成为网络法律自律意识教育的重要内容。网络安全意识教育是教育者根据网络法律规范的要求和新时代青年身心发展规律,有目的、有计划、有组织地对其身心施加影响,以期提升新时代青年网络安全意识水平的活动。网络安全意识教育的目的是使新时代青年重视网络安全,使其在网络活动中承担相应的网络安全责任,树立防范网络安全风险的意识,避免由于网络安全意识差而带来的不必要损失。

第三节 网络自律技术及制度规范

网络安全技术手段主要指网络信息的分级过滤技术。③ 通过网络自律技术的开发与使用能够对互联网环境中存在的各种不良信息进行分级与过滤,屏蔽掉不良信息。

---

① 常磊. 新时代青年网络法制教育问题研究 [D]. 景德镇:景德镇陶瓷学院,2011.
② 常磊. 新时代青年网络法制教育问题研究 [D]. 景德镇:景德镇陶瓷学院,2011.
③ 吕耀怀. 信息伦理学 [M]. 长沙:中南大学出版社,2002:62.

一、网络自律技术的开发及意义

网络自律技术，是网络行为主体对其行为进行自我管理的重要工具，是网络通道上的一个技术"守门人"。这样的方式可加强对网络不良信息的管控。

事实证明，通过技术手段来管控新时代青年的网络失范行为具有一定可行性。在新时代青年网络自律意识培育过程中，社会各界应该通力合作，为新时代青年建立一道牢不可破、坚不可摧的网络安全防线，为新时代青年营造健康的网络空间。因此，我们认为，政府部门除加强网络空间立法和相应的监督管理之外，还应该从网络自律技术层面帮助新时代青年屏蔽不良的，甚至犯罪的网络信息，尽可能保证新时代青年群体网络活动的安全。

二、建立健全相应的网络安全制度和规范

毫无疑问，网络自律意识的培育需要一定的制度和规范。从广义的角度而言，既包括正式制度，也包括一些约定俗成的、没有明确条文的非正式制度。从制度的目的而言，是指在一定范围内、一定程度上要求制度所规范的对象在进行某项活动时须遵守的行为准则或办事程序。

要在网络世界中进行卓有成效的网络文明建设，必须把广大网民的网络自律意识培育放在一个突出的位置，倡导和发扬以人为本的精神、诚实守信的精神、竞争创新的精神，促进网络健康发展、和谐发展、有序发展。

网络制度规范是维护网络秩序、营造风清气正的网络环境的外在强制措施。网络制度规范与网络行为主体的自律意识、自律行为是相辅相成、相互补充的关系。网络制度规范以条文的形式为行为主体指明了其可享受的权利和应尽的义务，对于蔑视网络制度规范、违反制度规范、破坏网络制度规范的行为主体，坚决采取必要的惩戒手段。

三、影响网络行为主体自律意识养成的因素

一是网络行为主体自律意识的培育受网络虚拟性和隐蔽性特征影响。在网络中，人们往往会隐藏真实身份，易衍生出一系列道德失范行为。

二是网络行为主体自律意识的培育不可避免地会受到不良社会风气的影响。一些不良社会风气冲击人们的价值观念，腐蚀新时代青年的思想，不利于新时代青年养成自律意识。

三是网络行为主体自律意识的培育受到西方文化的冲击。21 世纪是一个互联网技术飞速发展和新知识爆炸式增长的信息社会，也是一个经济全球化的社会。新时期青年面对西方文化渗透时，容易随波逐流，为追求个性发展，忽视传统文化的消化吸收。同时，随着世界联系日益密切，越来越多的人走出国门，走向世界，在各种文化相互碰撞融合中，西方敌对势力加紧对我们进行意识形态的渗透，网络上不时出现崇洋媚外的言论，不利于新时代的青年成长成才，不利于新时代青年形成网络自律意识。

四、新时代青年网络自律意识的养成

1. 完善法律法规及制度约束等他律机制

调查发现，自律固然重要，但离开法律和制度的约束，自律意识难以强化。社会要正常有序运转，不能只依靠道德层面的自律，法律法规及制度性他律不可或缺。现代社会，知法守法是每个公民的基本法律素养。网络的建设和发展，需要有一套完整的制度规范。

2. 创设良好的网络自律环境

新时代青年网络自律意识培育，最重要的载体是互联网空间，互联网空间对新时代青年网络自律意识的培养至关重要。

一方面，应最大限度地发挥舆论引导对新时代青年网络自律行为养成的作用。新时代青年群体，尚缺乏辨别是非曲直的能力，在网络中容易跟风，不仅容易成为网络虚假信息的传播者，甚至可能成为虚假信息的受害者。因此，各类组织向社会公众发布信息时，要对信息的来源、信息的真

实性、信息的具体内容等进行仔细筛选、认真核实，确保信息真实健康。努力帮助新时代青年形成积极向上、阳光乐观的生活态度，形成健康正确的价值观念。

另一方面，政府及相关部门应采取措施提升网民的道德素质。网民是网络社会交往与网络信息传播的主要参与者，是网络文化的直接创造者。我们知道，网络环境建设和维护，不能仅仅依靠政府及其相关机构，政府及相关部门应想办法提高广大网民的道德水平。俗话说，谣言止于智者，只有通过提升广大网民的道德水平，才能真正制止网络谣言，控制各种不良信息的传播。

3. 发挥网络文化对培养新时代青年自律意识的积极作用

相关研究表明，网络文化具有技术性、文化精神性和网络文化主体性特征。① 因此，加强网络文化教育，就要进行网络文化技术性、网络文化精神性和主体性教育。一是加强网络文化技术性教育。网络文化首先是一种技术文化，是信息技术和网络技术进步催生的文化。要引导新时代青年认识网络文化的技术性特征，加强网络文化虚拟性、交互性、共享性和时效性特征教育。二是要加强网络文化思想性教育。大量教学实践和研究告诉我们，文化的精神属性主要体现在文化的价值取向和追求方面，体现了文化赖以生存发展的本质特征。要引导新时代青年认识网络文化的精神属性特征，深入领会网络文化的开放性、平等性、多元性、自由性等特征。三是要加强网络文化的主体性教育。文化的主体是参与其中的人，网络文化也不例外。要引导新时代青年认识网络文化的主体特征，加强网络文化的个性化、大众化、平民化和集群化等教育。

广义的网络文化是指借助计算机网络或其他信息产品进行沟通、传递信息等活动而产生的文化，即信息文化。狭义的网络文化是指基于互联网络、通信网络以及由此派生出来的衍生工具、手段，并以信息传递、资源共享、沟通交流为基本内容的行为方式、思维方式、生活方式及价值观念等。② 网

---

① 万峰. 网络文化的内涵和特征分析 [J]. 教育学术月刊, 2010 (4): 62-65.
② 万峰. 网络文化的内涵和特征分析 [J]. 教育学术月刊, 2010 (4): 62-65.

络文化既是新时代青年思想政治教育的重要环境载体，又是新时代青年网络自律意识形成和提高的文化土壤。网络文化在培养新时代青年网络自律意识方面有着独特的功能：网络文化有利于促进学生思想观念的更新，其形象性和趣味性易被新时代青年所接受。加强网络文化建设和管理，加强新时代青年网络自律意识教育，应该积极发展、深入传播先进网络文化，切实把互联网文化建设好、利用好、管理好，充分发挥网络文化对新时代青年自律意识教育的积极作用。

4. 促进网络他律向网络自律的转化

网络自律意识的培育可以说是思想政治教育领域一个较为新颖的课题[1]，是新时代对青年提出的要求。新时代青年自律水平的提升是新时代进行网络自律教育要达成的重要目标。

自律与他律作为道德伦理学的两个重要概念，两者是相辅相成的关系。只强调自律，或者只强调他律，都是不客观、不辩证、片面化的观点。新时代青年网络自律意识的培育，一方面，要依靠网络法律法规等他律；另一方面，他律要通过自律才可以最大限度地发挥作用，否则会大大削弱他律的效果。但是，法律法规、各项制度及技术手段这些他律的方式，只是外在的手段，如果不强化自律，同样难以达到理想的效果。因此，只有将网络道德要求和法律法规形成制度规范，通过适当途径内化为新时代青年认可和坚持的道德品质，唤起新时代青年的社会责任感以及羞耻感，才能从根本上实现新时代青年的网络自律。

第四节　经济制裁、热线制度调控等手段

一、经济制裁和热线制度调控相结合

政府及其相关职能机构可充分利用各种经济技术手段，切断网络不法

---

[1] 秦继伟. 新时代网络自律意识教育研究 [D]. 长沙：湖南师范大学，2013：25-27.

分子的资金交易渠道。大量网络非法活动，必须通过各类资金交易和转账平台实现。政府及其相关机构可通过警告、罚款，甚至拘禁等手段，对网络犯罪进行惩戒。

政府或相关职能部门接到个人或组织举报后，既可以联系非法信息或不良信息的提供者，也可以直接通知公安等执法部门，对这些不良信息或非法信息展开专项调查行动。通过广大用户举报，可最大限度消除网络不良信息，是执行层面最有效的方式之一。这在一定程度上激发了广大互联网用户进行自我管理的热情，提高其对网络不良信息的识别能力，增强其社会责任感，有利于推动不同组织、机构、部门等在网络建设与维护方面的密切合作。

二、提高新时代青年自我调适能力，增强其自我保护意识

网络法律法规及制度可以有效防止网络犯罪，减少网络道德失范行为。为此，要根据网络行为主体的实际情况，因时、因地制宜，进一步完善网络法律法规，与时俱进地创新网络管理机制，更好地为广大网民服务。同时，广大网民要自我调适，增强自我保护意识。

网络是一把双刃剑，它在给人们带来极大便利的同时，也带来了不少问题。例如，网络道德失范行为导致主流价值观偏差，影响人们的道德认知和判断，不利于构建优秀的网络文化。网络自律虽然以自律为基础，但是我们要学会利用网络法律法规等他律手段，监督网络主体的行为，并将广大网民的道德自律与政府及相关机构制定的他律制度相结合，以便营造良好的网络环境。

第五章

新时代青年网络自律意识培育的社会引导路径

第一节　社会导向功能

新时代青年正处于人生的重要成长阶段，部分人由于自律意识差。面对各种诱惑，常会不由自主地做出"出格"行为。从这个层面上讲，强化包括政府、学校、家庭、社会等外部他律，对新时代青年的网络行为进行一定程度的约束，非常有必要。

另外，自律和他律是相辅相成的，通过相关制度规范，对新时代青年的网络行为进行约束，是推动新时代青年网络自律意识培育的好机制。这种培育机制的建立，势必要求多方位外部因素协调配合。换个角度来说，就是要加强新时代青年的网络安全宣传、网络道德宣传，加强新时代青年思想政治教育，强化对新时代青年的心理辅助等。

一、注重网络宣传

加强新时代青年网络安全宣传、网络道德宣传，在广大青年群体中开展网络宣传教育活动，是培育新时代青年的网络自律意识，打造良好互联网环境的重要保障。为此，要做好以下几项工作。

一是要加大新时代青年网络宣传教育的力度。这就要求学校及相关部门从整体上统筹安排，有效制订学校、学科、年级的教学计划，对教学课堂进行卓有成效的监督，让针对新时代青年的网络宣传教育走进学生社团，走进校园的每个角落。互联网具有开放性、及时性、超越时空等特征，与传统的宣传方式相比，具有很多优势。要通过多种形式和多方位的宣传引导，让新时代青年既认识到参与各种网络活动、掌握网络技术的必要性，又要促使新时代青年认识到培育网络自律意识的重要性。

二是政府及相关部门要通过多媒体平台，对新时代青年开展网络文明建设宣传教育，积极鼓励倡导新时代青年自觉遵守各项道德自律要求，在此基础上努力规范自身的网络行为。

三是高等学校教育工作者要牢牢把握网络宣传教育和自律意识培育两者相互促进、互为补充的关系。一方面，学校管理者在制定新时代青年网络自律意识培育具体方案时，要最大限度借助各种真实案例，挖掘有价值的典型素材，对新时代青年群体中开展网络宣传教育，进一步提高网络宣传教育的整体效果。另一方面，学校管理者在制订学校、专业、年级学生培养工作计划时，要把网络宣传教育作为新时代青年网络自律意识培育不可或缺的内容。通过不间断、持续性地进行网络宣传教育工作，增强青年群体网络自律意识，提高青年群体网络自律能力，增强社会主义新时代网络文明建设的针对性和实效性。

二、注重加强心理辅导

随着科技的进步、经济的发展，人民的生活水平得以不断提高，人们越来越重视精神层面的需求及感受。

因此，在注重加强对新时代青年网络自律意识或自律行为培育的前提下，学校及相关教育工作者，要从实际出发，科学合理地认识和研究新时代青年群体在知、情、意、行等活动中所表现或反映出来的行为规律。通过对新时代青年进行心理辅导，对新时代青年的网络成瘾等问题实施必要干预，发挥网络心理学的作用，引导新时代青年正确面对网络所带来的有利和不利影响。

三、营造清明的网络环境

网络环境是培育新时代青年自律意识的重要载体，对新时代青年网络自律行为的养成影响巨大。环境具有较强的外部性，即外部效应。本书所称的网络环境的外部效应主要是指网络环境在很大程度上对新时代青年网络自律行为的养成发挥着重要作用。根据相关理论，环境的外部效应可以分为正向外部效应和负向外部效应两个方面，正向外部效应是指环境对人类的生存和发展起到积极、正面的作用；负向外部效应是指环境对人类的生存和发展起到破坏、阻碍作用。

从这个意义上说，要实现新时代青年网络自律意识培养目标，就必须净化当前的网络环境，营造健康的、绿色的、清洁的网络环境。一方面，政府及相关部门应高度重视舆论引导，发挥舆论对新时代青年网络自律意识形成的巨大作用。由于网络具有外部性、开放性、虚拟性、及时性以及超越时空的特性，大众传播媒介对社会舆论的导向作用越来越大。

当前，大众传播媒介可以介入或获取的途径多样，其传播的信息内容相比之前更为繁杂，过程更为便利，导致一些虚假信息和不良信息得以在网络平台肆意传播。

一方面，新时代青年尚缺乏辨别是非曲直的能力，其常成为网络虚假信息和不实信息的制造者与传播者，甚至会成为直接受害者。从这个角度来说，各媒介组织在向社会发布信息时，要对信息进行严格筛选、努力核实，以保证信息真实性，传递网络正能量，帮助新时代青年树立积极向上的生活态度，形成正确的价值观念。另一方面，政府及相关机构应努力提升广大网民的道德素质。网民是网络社会的参与主体，是网络环境的直接创造者，净化网络环境单纯依靠政府和各媒体远远不够。谣言止于智者，只有不断提高新时代青年道德素质，才能真正制止网络谣言的产生和不当言论的传播，营造健康的、绿色的、清明的网络环境。

高等学校应引导学生自觉自主地遵循相关法律法规，提升其对网络不良信息和网络违法犯罪行为的辨别能力，逐步改善网络生态环境。为此，要做好以下三项工作。

一是进一步加强针对新时代青年的法律道德宣传工作。学校要大力开展网络安全普法宣传教育活动，积极开展网络道德建设，增强新时代青年网络法律观念和意识，从而促使新时代青年自觉规范自己的网络行为。

二是政府及相关机构要进一步加强针对新时代青年网络监管立法工作。政府及相关机构要尽快健全和完善网络法律法规，严厉打击网络诈骗活动，组织必要的力量对网络安全问题进行专项深入研究。通过加快网络安全相关专项立法进程，使网络执法有法可依，从而最大限度地为新时代青年营造健康的、绿色的、清明的网络环境。

三是政府及相关机构要建立网络安全应急预警机制，预防可能出现的网络安全问题，增强防范危机的能力。

在新媒体时代，我们要通盘考虑，使柔性的文化手段和硬性的法律手段相结合，探索可操作性的自律意识培育路径，提升新时代青年网络自律意识。

同时，网络空间充斥着不良信息和虚假信息，真假难辨。新时代青年自制力弱、好奇心强，极易被虚假及不良信息所诱惑，妨碍其身心健康发展。故高等学校要加强新时代青年思想政治教育，引导教育新时代青年形成正确的世界观、人生观和价值观，引导青年学生辩证、全面、冷静地分析思考问题；健全新时代青年自我意识，对新时代青年进行内省教育，促使其"慎独"，丰富新时代青年的自我意识世界；加强新时代青年心理教育及辅导，使新时代青年面对诱惑时能够积极调整心态，保持健康向上的心理状态，激发新时代青年责任感。

新时代青年面对纷繁复杂的网络世界时，难免有失范行为。为此，我们要通过"慎独"内省教育，促使新时代青年对网络空间里的不良信息产生免疫力，提升自律水平，增强其情绪、心理、行为等自我控制能力。

网络文明建设的关键环节是尽最大可能增强广大网民，尤其是新时代青年的网络自律意识。从某种意义上说，就是引导和培养广大网民，尤其是新时代青年进行自我道德教育。要最大限度地发挥广大网民，尤其是新时代青年的主观能动性，让其将道德准则内化为网络自律意识，并最终落实到网络实践中。

第二节　重视家庭教育的影响力

随着社会竞争越来越激烈，注重智力培养，忽视品德培养成为我国家庭教育的一个普遍化问题。这导致了部分新时代青年个人价值观与社会规范不一致的问题，严重影响了新时代青年自律意识的培养。新时代青年自律品质的养成，离不开家庭的精心培养。事实证明，家庭教育、学校教育和社会教育三方合力对提升新时代青年自律意识具有重要作用。

一、强化以身作则

家长是孩子的第一任老师，是孩子在成长过程中最重要、最直接的学习榜样。因此，家长在陪伴孩子的过程中，应做到以身作则。父母的日常行为习惯，会直接影响孩子。家长的道德品行直接影响到新时代青年的思想和行为。因而，家长务必要身体力行，为新时代青年树立榜样和示范。

二、注重独立能力培养

自强不息，独立自主是中华民族的传统美德，也是新时代青年必备素养。父母不可能永远陪伴孩子，从这个意义上说，父母应该尽早放手，让孩子独立成长，培养孩子独立应对各种问题的能力。尊重是信任的前提，只有充分尊重孩子，才能最大限度地发挥其主观能动性。

三、注重自律意识提高

培养新时代青年的自律意识是素质教育的重要内容之一。自律意识是新时代青年成长与成才不可或缺的重要素养。可以肯定的是，家庭教育对新时代青年的成长与成才，尤其是自律意识的培养发挥着重要作用。父母都要高度重视子女存在的各种问题，要有意识地培养子女养成良好的行为习惯。为达到这个目标，父母应该以身作则，提升自己的道德修养，养成良好自律的生活习惯，并将这种道德修养和自律态度以言传身教的方式传承给子女。只有这样，才能真正提高子女的自律意识，培养子女的自律能力。

总而言之，新时代青年自律意识的形成，需要社会、高等学校、家庭以及个人共同努力，培养社会主义事业的合格建设者和可靠接班人不是海市蜃楼和空中楼阁，是各方力量共同作用的结果。

第三节 学校教育

学校是有计划、有组织、有目的地向受教育者传授知识、技能、价值标准、社会规范,按照社会的要求有计划、有步骤地对受教育者施加影响,使之顺利社会化的专门机构。儿童进入学龄期后,学校的影响逐步上升到首要地位,成为最重要的个人社会化因素。① 新时代青年的网络行为主要发生在大学校园,高等学校既是新时代青年学习和生活的主要场所,又是新时代青年接受教育的主要场所,高等学校是否进行网络自律意识教育以及网络自律意识教育的实施效果直接影响新时代青年网络自律意识的水平。总体而言,高等学校对新时代青年网络自律意识教育起着主导作用,因此,高等学校必须重视新时代青年的网络自律意识教育,并通过多种途径对新时代青年进行积极引导教育。但是,相关研究表明,高等学校网络自律意识教育存在内容脱离网络生活实践、缺乏针对性、教育途径单一、教育方法落后、缺乏积极有效的监控措施和监督机制等问题。② 当前,面对规模日益扩大的新时代青年网民,面对日益增加的新时代青年网络失范行为,高等学校对新时代青年的网络自律意识教育现状如何?对新时代青年网络自律意识有何影响?这是本节关注的中心问题。从教育过程来看,一个完整的教育过程应该包括教育主体、教育内容、教育方法、教育载体(或手段)和教育环境。基于对教育过程的基本要素的理解,本节探讨上述五个要素对新时代青年网络自律意识的影响。

一、学校教育主体的影响

教育主体是教育活动的基本要素之一,即教育者。教育者是以教为基本职责,对受教育者施加影响的主体。在新时代青年网络自律意识教育

---

① 陈成文. 社会学 [M]. 长沙: 湖南师范大学出版社, 2005: 187.
② 张彦. 新时代青年网络道德教育现状探析 [J]. 西南农业大学学报(社会科学版), 2008 (2): 41.

中，教育者通过接受相关专业培训，基于扎实的理论知识、丰富的教学实践经验和教学方法，以教育艺术和人格魅力感染受教育者。作为新时代青年网络自律意识的教育者，教师可充分利用网络对新时代青年的吸引力，探索既满足新时代青年兴趣，又符合网络特点的网络教育方法和途径；教师可以通过多种形式进行网络自律意识教育，帮助新时代青年澄清对网络的模糊认识，促使其形成网络自律意识。相关研究表明，作为网络自律意识教育的主导者，部分教师自身存在对网络自律意识教育认识模糊，缺乏对网络失范行为、网络道德等问题的深入研究，从而影响网络自律意识教育的顺利开展。作为网络自律意识教育的主导者，部分教师教育观念老化，对网络自律意识教育这一新型课题仍采取老办法，强制性地灌输教育。在高等学校网络自律意识教育中，教育主体的服务功能主要体现在以下两个方面：①领导和组织，即教育主体根据高等学校网络自律意识教育的要求和新时代青年网络自律意识的现状，制定教育教学目标，组织教学活动，为学生提供教育教学服务。②引导和激励，即引导新时代青年树立正确的网络自律意识和观念，并促成网络自律意识和观念向网络自律行为转化，激励受教育者积极参与到教育教学过程中来，提高高等学校教育教学的实际效果。为考察当前高等学校网络自律意识教育效果，笔者在问卷调查中设置了"在接受高等学校网络自律意识教育过程中，您对教师提供的服务是否满意？"这个问题，并提供了五个选项："非常满意""比较满意""基本满意""比较不满意""非常不满意"。如表5-1所示，可以清晰地看出被访者"比较不满意"和"非常不满意"的分别占48.1%、7.0%。被访者"非常满意"、"比较满意"和"基本满意"的分别占18.4%、12.6%和13.9%。该数据说明，只有40.0%多的被访者（44.9%）对当前高等学校网络自律意识教育中的教师服务持"满意"或"基本满意"态度，超过半数的被访者对当前高等学校网络自律意识教育不满意。统计结果表明，高等学校网络自律意识教育满意率低，无疑对新时代青年网络自律意识水平有着重要影响。调查结果启示我们，要重视高等学校网络自律意识教育中教师教育教学水平的提高。

表 5-1　新时代青年对高等学校网络自律意识教育中教师服务的满意度（N=558）

(%)

问题	非常满意	比较满意	基本满意	比较不满意	非常不满意
在接受高等学校网络自律意识教育过程中，您对教师提供的服务是否满意	18.4	12.6	13.9	48.1	7.0

二、学校教育内容的影响

相关研究表明，在新时代青年网络自律意识教育中，存在内容上脱离网络生活，组织和编排上难以满足新时代青年的兴趣与需要等问题。网络生活是丰富多彩的，而现行的网络自律意识教育将教育内容从活生生的网络世界抽离，变成僵死的教条，使网络道德内容变成没有道德情感、道德意志的抽象物，使学生很难从中找到契合点，无法把网络自律意识教育的规范内化为自己的信念，外化为其网络行为。① 从教育学视角来看，教育活动的顺利开展涉及诸多要素，教育内容是其中重要一环。同时，教育内容是联系教育主体和受教育者的中介，受教育者对教育内容的掌握程度是教育目标在多大程度上实现的重要标志。因此，教育内容的设置是否科学合理，是能否实现教育目标的关键。具体到高等学校网络自律意识教育，教育内容的设置是否科学和合理，主要涉及三个方面，即内容的全面性、内容的科学性和内容的针对性。全面性是指高等学校网络自律意识教育的内容是否包括了网络道德意识教育、网络法律意识教育和网络安全意识教育；科学性是指高等学校网络自律意识教育的内容是否正确而无误；针对性是指高等学校网络自律意识教育的内容是否结合了网络自律意识教育的特点和新时代青年的特点。从这个意义上说，高等学校针对新时代青年所设计的网络自律意识教育内容是否全面、科学和具有针对性，会对新时代青年的网络自律意识产生重要影响。为了解受教育者对高等学校的网络自律意识教育内容的评价，笔者在问卷调查中针对教育内容的全面性、准确

---

① 张彦. 新时代青年网络道德教育现状探析［J］. 西南农业大学学报（社会科学版），2008（2）：41.

性和针对性分别设计了一个问题。如表 5-2 所示，新时代青年认为高等学校网络自律意识教育内容"非常全面"和"比较全面"的比例为 33.2%，而认为高等学校网络自律意识教育内容"基本全面"和"不全面"的比例则达到 66.8%，表明近 70.0% 的新时代青年对高等学校网络自律意识教育内容的全面性评价负面；认为高等学校网络自律意识教育内容"非常准确"和"比较准确"的受访者比例为 49.1%，而认为高等学校网络自律意识教育内容"基本准确"和"不准确"的受访者比例则达到 50.9%，表明有超过一半的受访者对高等学校网络自律意识教育内容的准确性评价负面；认为高等学校网络自律意识教育内容"针对性很强"和"针对性较强"的受访者比例为 32.0%，而认为高等学校网络自律意识教育内容"针对性一般"和"针对性不强"的受访者比例则达到 68.0%，表明有近 70.0% 的受访者对高等学校网络自律意识教育内容的针对性评价负面。综合分析调查结果，可以发现当前高等学校网络自律意识教育内容在全面性、准确性和针对性上均存在较大问题，这无疑会影响高等学校网络自律意识教育的成效，进而影响新时代青年的网络自律意识及其网络行为，阻碍新时代青年网络自律行为的养成。这启示我们，高等学校网络自律意识教育内容的设计是一个亟待解决的问题。

表 5-2　新时代青年对高等学校网络自律意识教育内容的评价（N=558）（%）

项目	非常全面	比较全面	基本全面	不全面
高等学校网络自律意识教育内容的全面性	3.3	29.9	28.0	38.8
项目	非常准确	比较准确	基本准确	不准确
高等学校网络自律意识教育内容的准确性	8.5	40.6	39.2	11.7
项目	针对性很强	针对性较强	针对性一般	针对性不强
高等学校网络自律意识教育内容的针对性	9.3	22.7	19.9	48.1

三、学校教育方法的影响

作为一种手段、方式和途径，方法是人们为达到某种目的或者完成某项任务的重要工具。教育方法是达到教学目的、完成教学任务的重要条件。科学、适合的方法能使教学事半功倍。新时代青年网络自律意识的培养，不仅依赖于高等学校的优质教育主体、全面准确且针对性强的教育内容，还依赖于适合网络时代和新时代青年特点的教育方法。关于高等学校网络安全教育的相关研究表明，目前，高等学校网络安全教育手段大多仍采用讲授或自学的老方法，少有创新，不注重网络法律法规意识和网络安全技能的培养，脱离了学生的实际需求。对学生的吸引力不够，不能引起学生对网络安全的重视，长期下去必将导致无法估量的严重后果。[①] 此外，还有研究指出，在网络道德教育方面，虽然网络集多媒体优势于一身，可创造出活跃、轻松和愉悦的教育氛围，但是高等学校的教育者未能充分利用网络，而是沿袭了以往的"灌输教育"和"全程讲授"的方式，导致新时代青年网络道德教育效果大打折扣。[②] 可见，教育方法对于培养新时代青年的网络自律意识具有重要意义，正确的教育方法是实现新时代青年网络自律意识教育目标的重要保障。那么，新时代青年对当前高等学校网络自律意识教育方法的评价如何呢？为此，笔者在调查问卷中通过设置反映教育方法的科学性和多样性问题，来考察新时代青年对当前高等学校网络自律意识教育方法的评价。如表5-3所示，认为高等学校网络自律意识教育的方法"非常科学"和"比较科学"的受访者比例分别为7.7%、48.4%，而认为高等学校网络自律意识教育方法"比较不科学"和"非常不科学"的受访者比例则分别达到39.3%、4.6%。也就是说，仅有56.1%的新时代青年对高等学校网络自律意识教育方法的科学性评价正面。认为高等学校网络自律意识教育的方法"丰富多彩"和"比较多样"的受访者比例分别为12.5%、37.6%，而认为高等学校网络自律意识教育方法"比较单一"和"非常单一"的受访者比例则分别达到38.8%、11.1%。也就是说，仅有50.1%的新时代青年对高等学校网络自律意识教育方法的多样性持正面评价。可见，无论是教育方法的科学性还是多样性，新时代

[①] 聂多均，许涧. 高等学校网络安全教育问题与对策探究 [J]. 教育与职业，2009（30）：180-181.

[②] 张彦. 新时代青年网络道德教育现状探析 [J]. 西南农业大学学报（社会科学版），2008（2）：041.

青年对高等学校网络自律意识教育方法的评价都不高。该数据表明，和教育主体、教育内容一样，当前高等学校网络自律意识教育的方法同样不容乐观，新时代青年的认同度依然较低。高等学校网络自律意识教育方法的不科学、不合适，将影响新时代青年网络自律意识教育和培养的效果，成为影响新时代青年网络自律意识水平的重要因素。

表5-3　新时代青年对高等学校网络自律意识教育方法的评价（N=558）（%）

项目	非常科学	比较科学	比较不科学	非常不科学
高等学校网络自律意识教育方法科学性	7.7	48.4	39.3	4.6
项目	丰富多彩	比较多样	比较单一	非常单一
高等学校网络自律意识教育方法多样性	12.5	37.6	38.8	11.1

四、学校教育载体的影响

作为承载和传递高等学校网络自律意识教育内容与教育目的的中介及桥梁，教育载体在教育过程中发挥着重要作用。教育载体联结着教育主体、受教育者和教育内容，教育载体是衡量高等学校网络自律意识教育时效性的重要指标。具体而言，高等学校网络自律意识教育载体主要指高等学校网络自律意识教育过程中提供给新时代青年的学习手段和学习工具。网络自律意识教育载体很多，如在网络安全教育方面，除了常规的课堂教育，世界各国普遍开设网络安全教育网站。网络安全教育网站有两类，一类是由网络意识教育部门开设，另一类是由政府部门直接开设。如美国政府部门直接开设的网络安全教育网站有"安全在线""在线防范""身份盗用中心"三个；英国政府部门开设有"停止身份欺诈"和"在线安全"两个网站。此外，世界大多数国家或地区还开展全民网络安全意识普及主题活动，如美国的国家网络安全意识月和国家网络安全意识挑战赛、欧盟的网络安全意识日、英国的国家防身份欺诈周、澳大利亚的国家网络安全意识周、新加坡的网络安全意识日、日本的信息安全意识月等。[①] 国内有研究者对江西省5所高职院校的问卷调查显示，当前高等学校网络安全教

---

① 张慧敏. 国外全民网络安全意识教育综述 [J] 信息系统工程，2012（1）：41.

育的主要方式是专题讲座（64.40%）、展板或宣传橱窗（49.95%）、课堂教学（25.67%）、社团活动（11.22%）。[①] 当然，对江西省5所高职院校的调查并不能说明我国高等学校的整个状况，但从侧面可以说明国内高等学校网络自律意识教育载体仍然比较传统，也不丰富。那么，新时代青年对当前高等学校网络自律意识教育载体的评价如何？为此，笔者在调查问卷中设置教育载体的先进性和多样性相关问题，来考察新时代青年对当前高等学校网络自律意识教育载体的评价。如表5-4所示，认为高等学校网络自律意识教育的载体"非常先进"和"比较先进"的受访者比例分别为5.5%、40.0%，而认为高等学校网络自律意识教育载体"比较落后"和"非常落后"的受访者比例则分别达到48.6%、5.9%。也就是说，仅有45.5%的新时代青年对高等学校网络自律意识教育载体的先进性持正面评价。认为高等学校网络自律意识教育的载体"丰富多彩"和"比较多样"的受访者比例分别为22.7%、30.8%，而认为高等学校网络自律意识教育载体"比较单一"和"非常单一"的受访者比例则分别达到36.9%、9.6%。也就是说，仅有53.5%的新时代青年对高等学校网络自律意识教育载体的多样性持正面评价。可见，无论是在教育载体的先进性还是多样性方面，新时代青年对高等学校网络自律意识教育载体的评价都不高。上述调查数据表明，与教育主体、教育内容和教育方法一样，高等学校网络自律意识教育的载体同样不容乐观，新时代青年对其的认同度较低。这将影响新时代青年网络自律意识教育和培养的效果，是影响新时代青年网络自律意识的重要因素。

表5-4 新时代青年对高等学校网络自律意识教育载体的评价（N=558）（%）

项目	非常先进	比较先进	比较落后	非常落后
高等学校网络自律意识教育的手段和工具	5.5	40.0	48.6	5.9
	丰富多彩	比较多样	比较单一	非常单一
	22.7	30.8	36.9	9.6

---

① 刘新华，巢传宣. 对新时代青年网络安全意识及教育现状的调查［J］. 职教论坛，2011（14）：94-96.

五、学校教育环境的影响

高等学校网络自律意识教育总是在一定的学校环境中进行的，学生的观念、意识形成和培养受到教育环境的影响。环境是指"人类主体的活动赖以进行的自然条件、社会条件和文化条件的总和"。[①] 教育环境在教育过程中的作用主要体现为：教育环境的好坏对教育主体和受教育者产生影响，进而影响教与学双方对于观念、知识和技能的把握，最终影响教育目标的实现和教育效果的体现。教与学的过程，也是一个心理过程，教育环境状况会对教育主体和受教育者产生或好或坏的心理刺激，从而影响教育主体对教学内容的传递和把握，也影响受教育者对教育内容的接受和理解。因此，为新时代青年创造良好的学习和生活环境对高等学校网络自律意识教育有着重要的意义。在高等学校的网络自律意识教育过程中，教育环境主要指高等学校是否为新时代青年的网络自律意识培养提供了良好的教学氛围、相关部门和人员是否给予足够重视、是否为教育教学活动提供了良好的教学条件等。有关高等学校网络安全教育的研究表明，高等学校对网络安全教育普遍不重视、开展活动不多，教育效果不佳，有66.34%的被访者认为其所在学校对网络安全教育不太重视，有2.59%的被访者认为其所在学校对网络安全教育很不重视。[②] 还有研究者认为，教育主管部门没有深刻认识到网络安全教育的重要性，没有出台加强网络安全教育的指导性文件，导致各高等学校的网络安全教育具有很强的零散性和随意性。[③] 那么，当前高等学校网络自律意识教育的教育环境如何呢？为此，笔者在问卷调查中设置了"在接受高等学校网络自律意识教育过程中，您认为学习和生活环境如何？"这个问题，并提供了如下四个选项："非常愉悦""比较愉悦""比较糟糕""非常糟糕"。如表5-5所示，认为"非常愉悦"和"比较愉悦"的受访者分别占17.6%和43.9%，认为"比较糟

---

① 张耀灿，陈万柏. 思想政治教育学原理 [M]. 北京：高等教育出版社，2001：209.

② 刘新华，巢传宣. 对新时代青年网络安全意识及教育现状的调查 [J]. 职教论坛，2011 (14)：94-96.

③ 聂多均，许涧. 高等学校网络安全教育问题与对策探究 [J]. 教育与职业，2009 (30)：180-181.

糕"和"非常糟糕"的受访者分别占 15.5%、23.0%。该数据说明，有超过 60.0%的受访者（61.5%）对当前高等学校网络自律意识教育的环境持正面评价，但还有近 40.0%的受访者对当前高等学校网络自律意识教育的环境不满意。新时代青年对高等学校网络自律意识教育环境的评价不高，会对新时代青年接受高等学校网络自律意识教育的效果产生不利影响，进而影响高等学校网络自律意识教育目标的实现，最终对新时代青年网络自律意识的培养和水平的提高产生不利影响。由此可见，高等学校网络自律意识教育环境还有较大的提升空间，要重视高等学校网络自律意识教育环境和氛围的营造。

表 5-5　新时代青年对高等学校网络自律意识教育环境的评价（N=558）　（%）

态度	非常愉悦	比较愉悦	比较糟糕	非常糟糕
在接受高等学校网络自律意识教育过程中，您认为学习和生活环境如何	17.6	43.9	15.5	23.0

本节主要考察了新时代青年对高等学校网络自律意识教育的教育主体、教育内容、教育方法、教育载体和教育环境等五个方面的评价。调查数据和理论分析结果表明：新时代青年对当前高等学校网络自律意识教育的教育主体、教育内容、教育方法、教育载体和教育环境整体上评价不高，说明当前高等学校所提供的网络自律意识教育在多个方面仍存在缺陷，对新时代青年网络自律意识教育成效产生不利影响，不利于新时代青年网络自律意识的培养。这启示我们，新时代青年网络自律意识教育应重视高等学校网络自律意识教育的建设和创新。

新时代青年网络自律意识培育最终指向新时代青年网络自律意识水平的提高，而新时代青年网络自律意识水平的提高依赖于行之有效的教育实践。教育是否行之有效主要取决于教育方法是否得当、教育环境是否有利、受教育者能否贯彻于实践。我们认为，新时代网络自律意识教育作为一项系统长期的工程，必须通过创新网络自律意识教育方法、优化网络自律意识教育环境、强化新时代青年网络自律的实践等提高新时代青年网络自律意识水平，使新时代青年的网络自律意识在网络实践中贯彻落实，最终实现新时代青年网络自律的知行合一。

新时代青年网络自律意识教育离不开优良的教育环境。环境的好坏直接关系到新时代青年网络自律意识教育的成败。充分发挥环境对新时代青年润物细无声的作用，将新时代青年网络自律意识教育与优化环境结合起来。对于新时代青年而言，同辈群体对新时代青年的网络行为有着重要的影响，同时网络文化也有着非同一般的意义。因此，有必要从发挥同辈群体的积极作用和加强网络文化的建设与管理两个方面来探讨如何优化网络自律意识教育的环境。

第四节　发挥同辈群体的作用

一、同辈群体的独特作用

同辈群体是指在一定的历史条件下，具有相似年龄和成长经历的社会群体。每个人都有其独特的个性心理和特征，而这些个性心理和特征大多数是在特定的群体中形成和发展起来的。同辈群体往往是新时代青年接触和交往最多的对象，因而同辈群体是影响其成长的要素之一。环境塑造人，人改造和适应环境。

与学校和家庭相比，伙伴群体影响力相对上升。青年更多的时间是与伙伴一起度过的。其结果是伙伴群体比家庭和学校对新时代青年产生更大的影响，这是学校和家庭所无法相提并论的。[1] 这里的伙伴群体，即指同辈群体。它是一个"由地位大体相同的人组成的关系密切的群体"[2]，其成员在家庭背景、文化教养、兴趣爱好、年龄、性格特点等方面比较接近，经常聚集在一起，彼此间有着很大的影响。同辈群体是个体独特的、极其重要的社会化因素，尤其在个体进入青春期后，同辈群体的影响日趋重要，甚至在某些方面远远超过父母和家庭其他成员的影响。其独特性主要

---

[1]　迈克尔·罗斯金. 政治科学 [M]. 北京：华夏出版社，2001：145.
[2]　鲁洁. 教育社会学 [M]. 北京：人民教育出版社，2001：592.

表现在以下四个方面：①在无意中建立的一种非正式群体。个体可以自由组合和自由选择，并在平等的基础上交往。同辈群体根据大家的意愿来安排活动内容，极少带有强制性，即使有领导和服从，也是相互协商的结果。① ②有其一套行为规范、价值准则。群体成员有其理想、期望，有其乐趣、生活方式、发式、服装、语言等形式的亚文化，这种亚文化可能与社会主流文化一致，也可能不一致，对个体思想价值观念的形成具有重要影响。新时代青年同辈群体具有独特的价值目标和行为取向。③新时代青年同辈群体往往有着统一的群体意志和较强的内聚力。虽然新时代青年在个体价值取向上存在差异，但是以感情接近、观点相同为基础的新时代青年同辈群体存在内聚力。一方面，这种内聚力容易被新时代青年所接受，并得以强化和升华，有利于创造新的群体价值观念；另一方面，强大的群体内聚力常导致群体成员产生价值封闭，易使新时代青年本位价值与社会本位价值发生冲突和对抗。④一般有较强权威性人物的同辈群体，往往具有较强的凝聚力和号召力。

二、同辈群体对新时代大学生自律意识培育的影响

1. 同辈群体网络认知的影响

同辈群体网络的认知对新时代青年网络自律意识有着不容忽视的影响。黄少华等研究表明，青少年的网络认知与其网络行为有较强的相关性，认为网络对社会生活和学习有积极作用的网民，其网络行为与网络认知有显著的关联；认为网络对社会生活和学习有消极作用的网民，其网络行为与网络认知基本不相关，仅与信息获取呈负相关。② 同辈群体的网络认知包括对生活的积极影响、对生活的消极影响、对学习的积极影响和对学习的消极影响等。具体而言，同辈群体关于网络的认知，既可能拓宽新时代青年关于网络认知的渠道、增进新时代青年网络实践的知识和技能、

---

① 全国13所高等院校编写组. 社会心理学［M］. 天津：南开大学出版社，2003：54.
② 王海明，任娟娟，黄少华. 青少年网络行为特征及其与网络认知的相关性研究［J］. 兰州大学学报（社会科学版），2005，33（4）：102-111.

丰富新时代青年网络生活经验，从而增强新时代青年网络自律意识；也有可能通过与同辈群体的交流和沟通，获得新时代青年网络越轨行为的信息、知识、技能、经验，从而增加新时代青年网络越轨行为的可能性，降低新时代青年网络自律意识水平。同辈群体所提供的知识具有多元化和参差不齐的特征。为了解同辈群体网络认知对新时代青年网络自律意识的影响，我们在调查问卷中设置了"在您看来，同学或朋友对网络的看法和认识是否对您有影响?"这个问题，并提供了如下四个选项："有很大影响""有点儿影响""基本没影响""完全没影响"。如表5-6所示，认为"有很大影响"和"有点儿影响"的受访者分别占30.4%、45.5%，认为"基本没影响"和"完全没影响"的受访者分别占20.2%、3.9%。该数据说明，75.9%的受访者认为同辈群体的网络认知对其网络的认知和看法有着或大或小的影响，且认为影响比较大的超过30.0%，仅有24.1%的受访者认为同辈群体的网络认知与其对网络的认知和看法基本没有或者完全没有影响。由此可见，同辈群体的网络认知对新时代青年网络认知和看法有明显的影响。这启示我们，通过同辈群体的网络认知影响和培养新时代青年的网络自律意识，发挥同辈群体网络认知对新时代青年的积极影响，避免消极影响，对于加强新时代青年网络自律意识教育、提高新时代青年网络自律意识有着重要意义。

表5-6　同辈群体的网络认知对新时代青年网络自律意识的影响（$N=558$）（%）

问题	有很大影响	有点儿影响	基本没影响	完全没影响
在您看来，同学或朋友对网络的看法和认识是否对您有影响	30.4	45.5	20.2	3.9

2. 同辈群体网络道德的影响

作为社会属性群体，人的思想观念的形成受到所处环境的影响。作为在年龄、兴趣爱好、家庭背景等方面接近的自发结成的社会群体——同辈群体是个人社会化的一个重要外在因素。和家庭、学校不一样，同辈群体带有大量的亚文化，这些亚文化既有积极向上的，也有颓废堕落的。"偶像崇拜"意识在新时代青年网络自律意识形成过程中起着重要作用。同辈群体网络认知不仅对新时代青年的网络自律意识有影响，而且同辈群体网络道德会影响新时代青年网络自律意识的形成。为了解同辈群体网络道德对新时代青年网络自律意识的影响，我们在调查问卷中设置了"在您看来，同学或朋友对网络色情等网络不道德行为的认识是否对您有影响？"这个问题，并提供了如下四个选项："有很大影响""有点儿影响""基本没影响""完全没影响"。如表 5-7 所示，认为"有很大影响"和"有点儿影响"的受访者分别占 33.7%、47.8%，认为"基本没影响"和"完全没影响"分别占 17.2%、1.3%。该数据说明，81.5%的受访者认为同辈群体的网络道德对其网络的认知和看法有着或大或小的影响，且认为影响比较大的超过 30.0%，仅有 18.5%的受访者认为同辈群体的网络道德对其网络的认知和看法基本没有影响或者完全没有影响。由此可见，同辈群体的网络道德对新时代青年网络的认知和看法有明显的影响。这启示我们，通过同辈群体的网络道德来影响和培养新时代青年的网络自律意识，尤其是发挥同辈群体"核心人物"的网络道德对新时代青年网络自律意识的正面示范作用，对于加强新时代青年网络自律意识教育、提高新时代青年网络自律意识有着重要意义。

表 5-7　同辈群体的网络道德对新时代青年网络自律意识的影响（N=558）（%）

问题	有很大影响	有点儿影响	基本没影响	完全没影响
在您看来，同学或朋友对网络色情等网络不道德行为的认识是否对您有影响	33.7	47.8	17.2	1.3

3. 同辈群体网络心理的影响

群体心理是指群体成员在群体活动中共有的、有别于其他群体的价值、态度和行为方式的总和，是群体成员在共同活动中，互相影响、互相作用形成的，是群体成员与社会发生各种联系时所产生的心境、情绪、认识和反应。[①] 在网络实践中，同辈群体心理主要是从众心理，从众心理来自网络同辈群体的压力。社会心理学把这种在群体压力下放弃个人意见而

---

① 吴焕荣，周湘斌. 思想政治工作心理学［M］. 北京：航空工业出版社，1993：51.

与大多数人行为保持一致的心理叫作从众心理。在网络实践中，同辈群体往往通过模仿的形式来实现外显行为的相互认同和转化。同辈群体的网络心理成为新时代青年个体的网络认知、网络行为和网络道德的主要参照系，进而成为影响新时代青年个体的网络自律意识的重要因素。为了解同辈群体的网络心理对新时代青年网络自律意识的影响，我们在调查问卷中设置了"在您看来，同学或朋友的从众心理（如喜欢玩游戏、网络聊天）是否对您有影响？"这个问题，并提供了如下四个选项："有很大影响""有点儿影响""基本没影响""完全没影响"。如表5-8所示，认为"有很大影响"和"有点儿影响"的受访者分别占42.7%、29.3%，认为"基本没影响"和"完全没影响"的受访者分别占16.9%、11.1%。该数据说明，72.0%的受访者认为同辈群体的从众心理对其网络的认知和看法有着或大或小的影响，有超过30.0%的受访者认为影响比较大，尚有28.0%的受访者认为同辈群体的从众心理对其网络的认知和看法基本没有影响或者完全没有影响。这表明，同辈群体的网络心理对超过70.0%的新时代青年的网络自律意识有着重要影响，启示我们应该重视同辈群体的从众心理在新时代青年网络自律意识教育中的重要作用。

表5-8 同辈群体的从众心理对新时代青年网络自律意识的影响（N=558）（%）

问题	有很大影响	有点儿影响	基本没影响	完全没影响
在您看来，同学或朋友的从众心理（如喜欢玩游戏、网络聊天）是否对您有影响	42.7	29.3	16.9	11.1

4. 同辈群体网络遭遇的影响

布朗劳布伦那的一项研究证实，美国学龄青年与同辈群体交往时间是其与父母交往时间的两倍以上。法国作家莫罗阿也曾说：学校里的同学是比父母还好的教育者。这是因为在同辈群体中，没有鲜明的等级权威体系，群体成员间的关系比较亲密、随和，而且大多数情况下能平等相处。新时代青年身处这样的群体里，自然会形成互相模仿、相互认同与合作的群体氛围和团队精神，从而产生同群感、相融感，容易形成约定俗成的角色规范和价值观念。社会学中对"人们为什么会遵守规则"的研究有一种视角叫作工具性视角。如果我们站在工具性视角的角度看，人们在行动过程中是否服从规则，会受实际利益的驱使，即主要取决于由此所带来的收益与所付出的代价是否呈正相关。[①] 新时代青年在网络实践中是否会服从规则，同样取决于网络实践所带来的收益和所付出的代价。同辈群体的网络遭遇则是用活生生的事实指示某种或者某些网络行为和实践所带来的收益和所付出的代价。可见，新时代青年身边的同学和朋友，不仅会在网络认知、网络道德和群体网络心理上对新时代青年的网络自律意识产生影响，更为重要的是，同辈群体的网络实践和网络遭遇影响会更大，因为这是真实并可信的活生生的"教科书"。众多关于网络越轨行为甚至犯罪的研究都表明，新时代青年群体中相当一部分有过网络越轨行为，有的甚至涉及犯罪。新时代青年的网络越轨行为主要有下载资料拼凑论文、下载或使用盗版软件、公开谈论他人隐私、发表不当言论、网络欺骗、浏览色情网页或者视频、参与网络色情活动等。因此，如果同辈群体的网络越轨行为受到道德谴责，或者校纪校规甚至法律的惩戒，那么新时代青年可能会基于同辈群体网络行为所付出的代价来约束和规范自己的行为，逐渐形成网络自律意识。为了解同辈群体的网络遭遇对新时代青年网络自律意识的影响，我们在调查问卷中设置了"在您看来，同学或朋友的网络遭遇（如 QQ 号码被盗、网友约见被骗等）是否会影响您的网络行为？"这个问题，并提供了如下四个选项："有很大影响""有点儿影响""基本没影响""完全没影响"。如表 5-9 所示，认为"有很大影响"和"有点儿影响"的受访者分别占 55.0%、28.4%，认为"基本没影响"和"完全没影响"的受访者分别占 15.8%、0.8%。该数据说明，83.4%的受访者认为同辈群体的网络遭遇对其网络的认知和看法有着或大或小的影响，且有超过 50.0%的受访者认为影响比较大，而认为同辈群体的网络遭遇对其网络的认知和看法

[①] 黄少华，黄凌飞. 网络道德意识与同辈压力对不道德网络行为的影响：以新时代青年网民为例 [J]. 兰州大学学报（社会科学版），2012，40（5）.

基本没有影响或者完全没有影响的仅占 16.6%。这表明，同辈群体的网络遭遇对超过 80.0% 的新时代青年的网络自律意识有着重要影响，启示我们应该重视同辈群体的网络遭遇在新时代青年网络自律意识教育中的重要作用。

表 5-9　同辈群体的网络遭遇对新时代青年网络自律意识的影响（N=558）（%）

问题	有很大影响	有点儿影响	基本没影响	完全没影响
在您看来，同学或朋友的网络遭遇（如 QQ 号码被盗、网友约见被骗等）是否会影响您的网络行为	55.0	28.4	15.8	0.8

本节主要考察了同辈群体的网络认知、网络道德、网络心理和网络遭遇对新时代青年网络自律意识的影响，基于数据和理论分析，得出如下结论：同辈群体的网络认知与网络道德对新时代青年网络认知和看法均有着明显的影响；同辈群体的网络心理对超过 70.0% 的新时代青年的网络自律意识有重要影响；同辈群体的网络遭遇对超过 80.0% 的新时代青年的网络自律意识有重要影响。基于同辈群体对新时代青年网络自律意识的影响，在新时代青年网络自律意识教育中应高度重视该因素。

新时代青年的网络同辈群体多种多样，对此，我们要正确区分、分别对待、积极引导。对于那些承载着社会主流文化、符合社会主导意识形态的积极型网络同辈群体，应积极扶持，创造条件发挥其对新时代青年网络自律意识教育的积极作用，并鼓励新时代青年积极参与其网络活动，从而促进新时代青年形成网络自律意识。对于中间型网络同辈群体，要去浊扬清，加强对其的引导，强化其积极因素，防范其消极因素，将其不利影响控制、消除在萌芽状态，促使其不断向积极型网络同辈群体转化。对于那些与主流意识形态相冲突、相违背甚至反社会的破坏型网络同辈群体，必须未雨绸缪，用法律手段加以惩治，同时对其加强教育、引导，帮助其改造，培养其亲社会的行为，从而消除其对新时代青年网络自律意识教育的消极影响。不能因为有的同辈群体曾产生过消极作用，就不加分析地对其施以棍棒。应该具体分析、区别对待，以积极的态度加以引导和指导，使其在新时代青年网络自律意识教育中，发挥积极作用。

三、用正确的价值观引导和影响同辈群体的价值观

对新时代青年的网络同辈群体，既要充分认识到其存在的客观性、必然性，又要高度重视并遵循新时代青年网络同辈群体形成及作用发挥的规律，及时准确地把握新时代青年网络同辈群体的类型和性质，正确引导、充分发挥同辈群体对新时代青年网络自律意识培养的积极作用。

家长、高等学校要帮助新时代青年树立正确的网络交友观念，鼓励支持新时代青年积极主动地加入同辈群体，并注重培养新时代青年的人际交往技能，使之与同辈群体健康交流。教育新时代青年学会辩证分析和评价网络同辈群体，引导新时代青年以能否进步与成长作为判断加入某一群体的唯一标准，促进新时代青年以知心知己、志同道合作为网络交友的原则，与网络同辈群体共同学习、一道努力获得知识和技能，避免掉入"江湖义气"的陷阱。

引导和影响新时代青年同辈群体，关键是引导和影响同辈群体的价值观与行为规范。价值观和行为规范是同辈群体的灵魂，是同辈群体评价事物的尺度和采取行动的准绳。因此，引导和影响同辈群体，根本是用正确的价值观与行为规范去引导和影响同辈群体，使其与正确的社会价值观和行为规范趋同。

四、尊重和正视新时代青年的同辈群体，与之建立良好的关系

对新时代青年进行网络自律意识教育，首先要正视和尊重新时代青年的同辈群体。新时代青年参加各种同辈群体是出于情感、兴趣等自发的需要，不能简单地认定其是"小团体"而加以否定，或是放任自流不加注意，应在尊重的基础上主动去了解这些群体，掌握他们的群体目标、成员构成、活动规律等信息。要经常和群体成员沟通，了解他们的最新想法，只有这样，才能有针对性地开展工作。如何获得同辈群体的真实信息？除了细致的观察，教育者要取得新时代青年同辈群体的信任，通过真诚的交流获得有用的信息。如果条件允许，教师或家长还可以给新时代青年的同辈群体提供帮助，如出点子或联系活动场所、提供交通工具及经济上的支

持等。对于问题较多的新时代青年同辈群体,有必要多参与他们的活动,以便取得他们的信任,产生"同体效应"。肯定同辈群体就是肯定新时代青年,这是理解和尊重,是新时代青年网络自律意识教育的基石。

  从社会学的视角来看,个体的成长过程是一个社会化过程。同辈群体不仅对幼儿早期的社会化具有特殊意义,对于青年的社会化也有着不可忽视的作用。新时代青年脱离原生家庭走向社会,首先面对的问题就是如何快速融入同辈群体,并在群体生活中实现自我的某种社会价值。同辈群体对新时代青年网络自律意识的影响是深刻的和经常性的,这种影响可能超过父母和教师。新时代青年的同辈群体是新时代青年在学习、工作和生活中,结交的具有相似年龄和成长经历的社会群体。从同辈群体的来源来看,新时代青年的同辈群体主要由其同辈亲属、同学和结交的朋友构成。从新时代青年同辈群体的类型来看,主要有两类,即传统同辈群体和网络同辈群体。[1] 在传统社会中,新时代青年的同辈群体主要有兄弟姐妹、同学和由同学发展而来的亲密好友,以及同龄朋友。在网络社会或信息社会,新时代青年的同辈群体还来自虚拟空间,且随着网络的不断普及和新时代青年涉足网络时间的不断增加,新时代青年的网络同辈群体会不断增加。不管是传统同辈群体还是网络同辈群体,由于其在家庭背景、文化教养、兴趣爱好、年龄、性格特点等方面接近,彼此间有着很大的影响。相关研究表明,在网络情境下,传统同辈群体压力虽然对降低不道德行为仍然有影响[2],但是其解释力明显降低。[3] 学者黄少华认为,网络同辈压力不仅对网络不道德行为有显著影响,其影响力甚至超过网络道德意识。他认为,造成这种现象的原因,一是中国的"礼法文化"传统,造成了人们的道德意识受外部压力和评价影响较大,具有较强功利性;二是在大学校园

---

  [1] 姚俊,张丽.网络同辈群体与青少年社会化[J].当代青年研究,2004(4):24-27.

  [2] WOON I M Y, PEE L G. Behavioral factors affecting internet abuse in the workplace: An empirical investigation (EB/OL). (2011-06-12). http://sigs.aisnet.org/SIGCHI/Research/ICIS2004/SIGHCI_2004_Proceedings_paper_13.pdf.

  [3] AKBULUT Y, et al. Exploring the types and reasons of internet-triggered academic dishonesty among turkish undergraduate students: Development of internet - triggered academic dishonesty scale (ITADS) [J]. Computers&Education, 2008 (1): 463-473.

这一特殊时空场景中,新时代青年长时间在一起生活学习,使他们的道德意识较多地受到同龄同学的影响。① 因此,考察新时代青年的网络自律意识的影响因素,必然离不开对其同辈群体的考察。那么,同辈群体可能会在哪些方面影响新时代青年的网络自律意识呢?经过探索研究,笔者发现,新时代青年的网络认知和网络中的行为与同辈群体的网络认知、网络道德水平、网络行为和网络遭遇有着较为密切的关联。基于此,本节从同辈群体的网络认知、网络道德、网络行为和网络遭遇四个方面考察了其对新时代青年网络自律意识的影响。

衡量一所学校的办学水平,关键看其能否为国家培养输送高素质人才。当前,各学校通过构筑思想政治教育体系,加强思想政治教育实践,思想政治教育方面的工作有了较大推进,思想政治教育体系逐渐完善。

思想政治教育,从某种层面上说,是我国全方位提高人才培养质量的重要方式。人才培养质量的全方位提升主要依靠学校系统的思想政治教育来实现。学校系统进行的思想政治教育,其主要功能就是通过激发广大新时代青年的主观能动性,最大限度地强化新时代青年群体的自律意识,磨炼新时代青年的意志力,坚定新时代青年的信念。我们有理由相信,在各方的协调配合下,新时代青年的网络自律意识培育工作一定会取得更丰硕的成果。

---

① 黄少华,黄凌飞. 网络道德意识与同辈压力对不道德网络行为的影响:以新时代青年网民为例 [J]. 兰州大学学报(社会科学版),2012,40 (5).

第六章

新时代青年网络自律意识培育的自我内化路径

第一节 新时代青年网络自律意识的自我内化路径

一、道德立法

道德立法与法律存在明显区别，法律条文的制定与实施，主体都是国家机关，法律是具有惩治性的规范。

康德曾意味深长地说道，这世间有两样东西是我们越经常持久地加以思索，就越使心灵不断更新并无以复加地赞叹和敬畏，它们就是在我之上的我所能见到的星空和那些在我心底所恪守的道德律令。① 康德所谈到的道德律令，就是指将道德约束和道德要求内化为自身自愿去恪守的准则。

新时代青年网络自律意识的培育，一定要积极引导与促进新时代青年群体在网络实践中对相关道德规范产生认同和敬畏。在此基础上，让新时代青年为其网络行为自制一定的道德规范，严格遵守，并将这些道德规范内化为良好的习惯。

二、吾日三省吾身

在修身方面，儒家思想非常强调内在要求，要求行动者对自己的思想及行为进行反省和检查，时刻保持清醒的头脑，警惕不合理或不合规矩的行为。孔子提出要"三省吾身"，强调通过对自我的反思达到修身齐家治国平天下的目的。新时代青年在自控能力或者自律能力上仍然不足，不能把握和控制自身的言行。这就要求新时代青年时刻与不合规矩、不合法、

---

① 康德. 实践理性批判 [M]. 张永奇, 译. 北京：中国社会科学出版社, 2009: 211.

不合理的意识形态做斗争，不可为了个人利益而损害他人利益和社会的整体利益。

在现实生活中，不少新时代青年一味要求别人应该怎么做，却很少思考如何律己，很少去反思自身存在的问题。因此，新时代青年要将外化的公序良俗、道德规范内化为个人修养进而形成网络自律意识。在新时代青年网络自律意识培育过程中，要通过营造良好的网络氛围、树立道德榜样等方式，引导新时代青年群体进行自我反省，形成网络自律意识和自控能力，做到"见贤思齐焉，见不贤而内自省也"。

三、慎独

慎独有助于新时代青年强化网络自律意识，改善当前新时代青年网络自律意识薄弱的现状。慎独是行为主体独处环境下进行的一种自觉自省，慎独可以让新时代青年对世间万物持包容态度，进而客观地、理性地看待他人的观点和想法，不会随意根据自己的喜好和认知去批评别人。慎独可以让新时代青年看清网络背后隐藏的是与非、对与错，引导新时代青年在网络中客观、理性地展示个性。

第二节 自我规矩、责任意识养成路径

增强新时代青年遵规守矩的意识，是提升新时代青年群体自控能力，尤其是网络自律意识的重要路径。俗话说，没有规矩，不成方圆。所谓规矩意识，是指新时代青年在提高思想道德素质的基础上，自觉遵纪守法，在网络实践中主动把网络监督和管理的相关规范内化于心、外化于行的自觉意识。由于受到各种因素的影响，部分新时代青年的网络规矩意识有待提高，在网络实践中常常无所顾忌，肆意妄为，自我要求较低，自我约束能力较差，对新时代青年的成长产生不利影响。

一、规矩意识

立规矩是增强新时代青年规矩意识的前提条件。为此，需要完善各种规章制度，使网络执法过程中有法可依，为新时代青年网络交往与网络信息传播过程中进行价值判断和行动选择提供有力依据。尽管各种规章制度都属于他律范畴，但是在网络实践中通过对他律持续不断的认可、服从和执行，可潜移默化地把他律内化为新时代青年的行为准则，推动他律向自律转化，增强新时代青年的网络规矩意识，达到提升新时代青年网络自律意识的目标。对高等学校而言，需要进一步完善细化校纪班规，通过必要的规章制度来约束新时代青年的网络行为，并加以宣传教育，帮助新时代青年完成对他律的自我内化，增强新时代青年的网络自律意识。

新时代青年要充分培养自己的法律意识，积极参与社会活动，要知、懂、守规章制度，其中知是前提。提高新时代青年网络规矩意识的认知，对规范新时代青年的网络行为具有重要意义，同时有助于提升新时代青年的网络自律意识。此外，增强新时代青年网络的规矩意识，需要社会各界做出努力，让新时代青年充分了解与网络相关的各种规章制度，使他律转化为自律，从而达到提升新时代青年网络自律意识的目的。

二、增强新时代青年的责任意识

新时代青年是中华民族伟大复兴的中坚力量。

当前，世界正处于百年未有之大变局，新时代青年肩负着中华民族伟大复兴的历史使命。全面提升新时代青年的网络自律意识，可以强化其责任感，促使新时代青年主动承担历史责任。新时代青年作为国家的希望和民族的未来，增强其责任意识尤为重要。

一是新时代青年要在社会实践中，尤其在网络实践中，自觉自愿地认同和遵守与网络相关的社会道德规范，不断提升网络道德自律；二是新时代青年在网络实践中要坚持严以律己，以实际行动维护良好的社会秩序；三是新时代青年要在网络实践中坚持正确的政治方向，明确肩负的时代使命，为实现中华民族伟大复兴而奋斗；四是要在网络实践中自觉维护社秩序，为营造健康、良好、和谐的网络空间环境做出自己应有的贡献。

任何事物，包括互联网都具有两面性，以互联网为基础的数字化，给社会发展带来了新的机遇，同时也不可避免地带来了新的挑战。对新时代青年的责任感教育包含两层含义：一是自我的责任，二是对他人的责任。新时代青年要在网络实践中把握好权利和义务的关系。为此，要使新时代青年对网络有清晰的认知，让其认识到网络的正负面双层影响。

第三节　耻感文化路径

一、耻感文化路径

知耻这一理念最早由孔子提出，《说文》有言："耻，辱也。"这里的耻辱是指因声誉受到损害而导致内心感到羞愧可耻的心理体验。由此可见，羞耻心作为一种内在的情绪体验，支撑着道德层面的底线，人类社会的行为准则和依据都源于对道德底线的坚守。

耻感是存在于个体内部的一种情绪类型，反映着人们对善的向往，对恶的排斥。耻感的产生，一般认为有种两个渠道。一方面，耻感在很大程度上来源于人们接收到的外界评价。我们知道，每个人因为受到其所处的环境以及人际交往圈子的影响，当行动者的行为不同于圈子内的其他人时，就在大概率上受到来自外界的议论和评价。另一方面，耻感源于行动者的行为与其价值观念的不一致。

耻感能够在一定程度上强化新时代青年的内在强制力，自律程度与耻感常常是正相关关系，网络行为主体的自律程度往往随着耻感的增强而提高。

二、耻感促进新时代青年网络自律意识形成

思维方式和价值观念，作为意识形态的重要内容，是影响新时代青年网络自律意识两个重要、不可或缺的因素。我们知道，在网络实践中，耻

感能阻止新时代青年因思维方式的不成熟，或者因价值观念的不明确而导致的网络失范行为。通过耻感体验，可以将新时代青年网络行为引向正确的方向。

培育新时代青年网络实践中的耻感心理，目的在于帮助新时代青年树立正确的荣辱观，形成趋荣避辱、知荣明耻的意识。因此，"知耻近乎勇"的耻感教育是为了引导激发学生内心的羞耻感，做到"从善如流，疾恶如仇"，使其在社会活动和网络实践中拒恶从善，不自甘堕落。

第四节　慎独意识养成路径

慎独思想是儒家的重要修身方式，是传统儒学伦理有关道德实践的重要内容。慎独思想在某种程度上与耻感一致，都是通过网络行为主体内心情感波动来调节网民的行为。但在网络实践中，慎独思想并非通过否定的方式与外界的评价相联系，而是强调行动主体独处时所具有的自觉自省的心理状态。在网络实践中，慎独思想是一种网络自律意志的表现。慎独思想对新时代青年网络自律意识具有强化功能。

一、慎独意识

慎独作为最高的修为境界，是指在独处、无人监督的情况下，约束自己的行为，谨慎不苟，即"诚于中，形于外"。慎独作为修身之法，包含四层含义：慎始慎终、慎言慎辩、慎隐慎微和慎欲慎省。具体来说，就是要一如既往，做事情从始至终；要秉持谨言慎行，不放纵；要谨小慎微，关注微小细节；要自我克制，控制欲望和需求，时常自省。

网络实践中的慎独意识，在本质上可以看成是网络自律意识。这一本质特征决定了网络实践中的慎独思想可以和新时代青年网络道德教育相结合，以解决当下新时代青年网络行为失范问题。我们知道，儒家所提倡的慎独思想，本质是行动者的自我道德修养方法。慎独的目的，在于行动者希望通过道德自律，最终使自己达到一种"至德"的受万人推崇与敬仰的理想人格。

慎独思想要求广大网民，尤其是新时代青年在网络实践中，独立分析解决问题，并从内心深处生发控制欲望、喜好和情感的自我约束力。

二、慎独是网络自律的至高境界

在现实生活中，法律、道德、规章制度、公序良俗等构成了制约人们行为的外力因素，这些外力因素综合、协调地作用于新时代青年。但是，在网络社会中，由于网络的隐匿性、虚拟性、开放性等特征，传统的他律制度规范在很大程度上难以发挥其应有的作用，这就依赖于广大网民，尤其是新时代青年理性地、自觉地去遵守。在网络中，秩序的维持更依赖于广大网民，尤其是新时代青年的这种理性和自觉，并通过慎独的方式，形成一种行之有效的道德自律。

网络实践中的慎独思想有利于强化广大网民尤其是新时代青年的网络自律意识，从而改善新时代青年网络自律能力较弱这一现状。一方面，在纷繁复杂的网络环境中，广大网民，尤其是青年网民的同辈群体，在一定程度上弱化了新时代青年的网络自律意识。这就使得那些在网络实践中缺乏慎独思想的网民，尤其是新时代青年更容易迷失自我。因此，慎独思想强调的独立自觉自省意识，在当前的网络环境中，变得非常重要。

另一方面，网络的开放性特征使不同的意识形态与文化观念得以碰撞。在网络实践中慎独思想能够促使广大网民，尤其是新时代青年对他人的观念和看法持包容态度，正确客观地去看待不同的观点和看法。

慎独思想能帮助广大网民，尤其是新时代青年循序渐进、由表及里地形成网络自律意识。自觉学习网络制度规范，并遵守网络制度规范，养成良好的网络行为习惯。

附 录

新时代青年网络自律意识调查问卷

亲爱的青年人：

你好！

为了解当前新时代青年网络行为及网络自律意识情况，我们正在开展此项调查。按照随机抽样的规则，我们选择你作为本次调查的对象。你的答案没有对错之分，请你根据调查员的要求和你的实际情况，逐项填写答案即可。我们郑重声明：本项调查所获取的数据资料仅作为统计分析之用，我们会对你的答案和资料严格保密。为感谢你的支持，我们为你准备了一份小礼品，谢谢！

湖南师范大学社会调查中心
2012 年 9 月

一、基本信息

1. 您的性别：

    A. 男　　　　　　　　　　　　B. 女

2. 您就读的大学属于：

    A. "一本"　　　　　　　　　　B. "二本"

    C. "三本"　　　　　　　　　　D. "高职"（专科）

    E. 不适用

3. 您就读的年级：

A. 大一 B. 大二

C. 大三 D. 大四

E. 不适用

4. 您就读的专业属于：

A. 文科 B. 理科 C. 其他

5. 您的政治面貌：

A. 普通群众 B. 共青团员

C. 民主党派 D. 中共党员

6. 您来自：

A. 农村 B. 城镇

二、网络行为

7. 您的网龄有＿＿＿＿年。

8. 您的上网频率＿＿＿＿

A. 经常上网 B. 较少上网

C. 极少上网 D. 从不上网

9. 您每天平均上网时长是＿＿＿＿

A. 1 小时以内 B. 1~<3 小时

C. 3~5 小时 D. 5 小时以上

10. 您在网上是否欺骗过别人？

A. 有过 B. 没有 C. 不清楚

11. 您是否浏览过包含色情信息的网页或网站？

A. 有过 B. 没有 C. 不清楚

12. 您是否有过网上"恶搞"行为？

A. 有过 B. 没有 C. 不清楚

三、网络道德自律意识

13. "网上的行为是虚拟的，所以无所谓道德不道德。"您对这个观点：

A. 非常不赞同 B. 比较不赞同

C. 基本赞同 D. 非常赞同

14. "网络上的色情内容特别令人讨厌,我特别痛恨。"您的观点是:

A. 非常不赞同 B. 比较不赞同

C. 基本赞同 D. 非常赞同

15. 想控制或停止上网但没有成功,说明有网络成瘾的倾向。

A. 基本不同意 B. 不太同意

C. 基本同意 D. 同意

16. 网络聊天时,有人说脏话或者口头对别人进行人身攻击。您对这种现象怎么看?

A. 无法容忍,应该制止 B. 可以容忍,不必介意

C. 无所谓,大家都这样 D. 说不清

四、网络法律自律意识

17. 您对下列网络法规的了解程度:

	完全不了解	不太了解	基本了解	非常了解
《中华人民共和国计算机信息网络国际互联网管理暂行规定》				
《互联网文化管理暂行规定》				
《全国青少年网络文明公约》				

18. 上网过程中,每个网民都应遵守网络法规。

A. 基本不同意　　B. 不太同意　　C. 基本同意　　D. 同意

19. 上网过程中,网络法律规范是重要安全保障。

A. 基本不同意　　B. 不太同意　　C. 基本同意　　D. 同意

20. 网络法律规范是网络维权的重要保障。

A. 基本不同意　　B. 不太同意　　C. 基本同意　　D. 同意

五、网络交往自律意识

21. 网络交往不同于现实交往,存在一定的风险。

A. 基本不同意　　B. 不太同意　　C. 基本同意　　D. 同意

22. 网恋，就是因为无聊，只是一种临时快乐。

A. 基本不同意　　B. 不太同意　　C. 基本同意　　D. 同意

23. 您认为在网上与陌生人聊天或交流时，应该：

A. 全部讲真话　　　　　　　B. 大多时候讲真话

C. 偶尔讲真话　　　　　　　D. 无须讲真话

24. 假如有一款网络游戏，您特别喜欢玩，您的态度是：

A. 不管时间，玩到尽兴为止

B. 虽然好玩，但也要控制时长

六、同辈群体的影响

25. 同学或朋友对网络的看法和认识，对您的影响：

A. 很大　　B. 有一点儿　　C. 基本没有　　D. 完全没有

26. 同学或朋友浏览过色情网页吗？

A. 经常　　B. 偶尔　　C. 没有　　D. 不清楚

27. 同学或朋友是否有过网络"恶搞"行为？

A. 经常　　B. 偶尔　　C. 没有　　D. 不清楚

28. 同学或朋友的网络遭遇（如QQ号码被盗、网友约见被骗等）对您的影响：

A. 很大　　B. 有一点儿　　C. 基本没有　　D. 完全没有

七、网络文化的影响

29. 您对下列关于网络文化的观点的态度是：

观点	非常赞同	比较赞同	不太赞同	坚决反对
网络文化具有虚拟性，对自己的网络行为无须负责				
网络文化具有共享性，可以随意共享任何信息资源				
网络文化是多元的，网络恶搞也是可以接受的				

续表

观点	非常赞同	比较赞同	不太赞同	坚决反对
网络文化是自由的，可以发表任何言论				
网络文化是个性的，爱怎样就怎样				

八、学校教育的影响

30. 在接受高等学校网络自律意识教育过程中，您对教师提供的服务：

A. 非常满意　　　　　　　B. 比较满意

C. 基本满意　　　　　　　D. 比较不满意

E. 非常不满意

31. 高等学校网络自律意识教育内容的全面性：

A. 非常全面　　B. 比较全面　　C. 基本全面　　D. 不全面

32. 高等学校网络自律意识教育内容的准确性：

A. 非常准确　　B. 比较准确　　C. 基本准确　　D. 不准确

33. 高等学校网络自律意识教育内容的针对性：

A. 针对性很强　　B. 针对性较强　　C. 针对性一般　　D. 针对性不强

34. 高等学校网络自律意识教育方法的科学性：

A. 非常科学　　B. 比较科学　　C. 比较不科学　　D. 非常不科学

35. 高等学校网络自律意识教育方法多样性：

A. 丰富多彩　　B. 比较多样　　C. 比较单一　　D. 非常单一

36. 高等学校网络自律意识教育载体的先进性：

A. 非常先进　　B. 比较先进　　C. 比较落后　　D. 非常落后

37. 高等学校网络自律意识教育载体的多样化：

A. 丰富多彩　　B. 比较多样　　C. 比较单一　　D. 非常单一

38. 在接受高等学校网络自律意识教育过程中，您认为学习和生活环境如何？

A. 非常愉悦　　B. 比较愉悦　　C. 比较糟糕　　D. 非常糟糕

参考文献

［1］马克思恩格斯选集（1-4卷）［M］.北京：人民出版社，1995.

［2］列宁选集［M］.北京：人民出版社，1995.

［3］毛泽东选集（1-4卷）［M］.北京：人民出版社，1991.

［4］毛泽东文集［M］.北京：人民出版社，1993.

［5］毛泽东著作选读（上下册）［M］.北京：人民出版社，1985.

［6］邓小平文选：第2卷［M］.北京：人民出版社，1994.

［7］周恩来文化文选［M］.北京：中央文献出版社，1998.

［8］刘少奇.论共产党员的修养［M］.北京：人民出版社，1994.

［9］邓小平文选：第3卷［M］.北京：人民出版社，1993.

［10］江泽民文选（1-3卷）［M］.北京：人民出版社，2006.

［11］胡锦涛.在中国共产党第十七次全国代表大会上的报告［M］.北京：人民出版社，2007.

［12］胡锦涛.高举中国特色社会主义伟大旗帜为争取全面建设小康社会新胜利而奋斗［M］.北京：人民出版社，2007.

［13］胡锦涛.以创新的精神加强网络文化建设和管理［N］.人民日报，2007-01-25（1）.

［14］中共中央、国务院关于进一步加强和改进新时代大学生思想政治教育的意见：中发〔2004〕16号［N］.人民日报，2004-10-15.

［15］教育部.关于加强和改进研究生德育工作的若干意见［N］.人民日报，2000-04-06.

［16］中共中央宣传部，教育部.关于进一步加强和改进高等学校思想政治理论课的意见［N］.人民日报，2005-02-07.

［17］辞海［M］.上海：上海辞书出版社，1989.

[18] 现代汉语词典［M］. 北京：商务印书馆，1996.

[19] 新华字典［M］. 北京：商务印书馆，2003.

[20] 论语［M］. 北京：中华书局，2017.

[21] 大学［M］. 南京：江苏科学技术出版社，2018.

[22] 礼记［M］. 北京：中华书局，2017.

[23] 孟子［M］. 北京：中华书局，2017.

[24] 荀子［M］. 北京：中华书局，2011.

[25] 默觚·学篇三［M］. 沈阳：辽宁人民出版社，1994.

[26] 晦庵先生朱文公文集［M］. 沈阳：辽宁人民出版社，2006.

[27] 朱子语类［M］. 北京：中华书局，2020.

[28] 朱熹. 四书章句集注：新编诸子集成［M］. 北京：中华书局，2003.

[29] 读四书大全说［M］. 北京：中华书局，1975.

[30] 后汉书·陈忠传［M］. 北京：中华书局，2007.

[31] 性理自训·学力［M］. 汕头：汕头大学出版社，2017.

[32] 新书·大政上［M］. 北京：中华书局，2012.

[33] 唐太宗全集校注·民可畏论［M］. 天津：天津古籍出版社，2004.

[34] 张震. 网络时代伦理［M］. 成都：四川人民出版社，2002.

[35] 朱银端. 网络道德教育［M］. 北京：社会科学文献出版社，2007.

[36] 曾长秋，万雪飞. 青少年上网与网络文明建设［M］. 长沙：湖南人民出版社，2009.

[37] 邓石华. 网络德育论［M］. 长沙：中南大学出版社，2006.

[38] 李伦. 网络传播伦理［M］. 长沙：湖南师范大学出版社，2007.

[39] 赵兴宏，毛牧然. 网络法律与伦理问题研究［M］. 沈阳：东北大学出版社，2003.

[40] 李康平. 德育发展论［M］. 北京：中国社会科学出版社，2004.

[41] 祝智庭，王陆. 网络教育应用［M］. 北京：北京师范大学出版

社，2004.

［42］曾长秋，薄明华．网络德育学［M］．长沙：湖南科学技术出版社，2005．

［43］孟子悦，李人凤．走近网络远离网瘾［M］．上海：上海大学出版社，2008．

［44］吴克明．网络文明教育论［M］．长沙：湖南师范大学出版社，2005．

［45］宋希仁．当代外国伦理思想［M］．北京：中国人民大学出版社，2000．

［46］刘文富，等．全球化背景下的网络社会［M］．贵阳：贵州人民出版社，2001．

［47］宋希仁．西方伦理思想史［M］．北京：中国人民大学出版社，2004．

［48］王军．网络传播法律问题研究［M］．北京：群众出版社，2006．

［49］陈成文，姜正国．思想政治教育学［M］．长沙：湖南师范大学出版社，2007．

［50］张新宝．互联网上的侵权问题研究［M］．北京：中国人民大学出版社，2003．

［51］匡文波．网络传播学概论［M］．北京：高等教育出版社，2009．

［52］檀江林，等．高等学校网络思想政治教育研究［M］．合肥：合肥工业大学出版社，2007．

［53］王云斌．中国网络法律问题：互联法网［M］．北京：经济管理出版社，2001．

［54］毕耕．网络传播学新论［M］．武汉：武汉大学出版社，2007．

［55］杨鑫铨，洪源渤．"以人为本"与新时代大学生思想政治教育［M］．长沙：湖南科学技术出版社，2004．

［56］黄少华．虚拟世界中的道德实践［M］．北京：中国社会科学出版社，2010．

［57］赵水忠．谁偷窥了你的网络隐私［M］．北京：电子工业出版

社，2004.

[58] 谢海光．互联网与思想政治工作［M］．上海：复旦大学出版社，2000.

[59] 徐建军．新时代大学生网络思想政治教育理论与方法［M］．北京：人民出版社，2010.

[60] 覃征，等．网络应用心理学［M］．北京：科学出版社，2007.

[61] 王贤卿．道德是否可以虚拟［M］．上海：复旦大学出版社，2011.

[62] 骆郁廷．新时代网络思想政治教育［M］．北京：中国人民大学出版社，2010.

[63] 陶然，应力．网络成瘾探析与干预［M］．上海：上海人民出版社，2007.

[64] 张耀灿，陈万柏．思想政治教育学原理［M］．北京：高等教育出版社，2001.

[65] 童星，等．网络与社会交往［M］．贵州：贵州人民出版社，2002.

[66] 徐建军．新时代大学生网络思想政治教育理论与方法［M］．北京：人民出版社，2010.

[67] 顾海根．青少年网络成瘾预防与治疗［M］．上海：华东师范大学出版社，2007.

[68] 杨鹏．网络文化与青年［M］．北京：清华大学出版社，2006.

[69] 苏振芳．网络文化研究［M］．北京：社会科学出版社，2007.

[70] 于钦波，刘民．外国德育思想史［M］．成都：四川教育出版社，2000.

[71] 苏振芳．网络文化研究：互联网与青年社会化［M］．北京：社会科学文献出版社，2007.

[72] 陆俊，严耕．网络悖论：网络的文化反思［M］．北京：国防科技大学出版社，1998.

[73] 李志逵．欧洲哲学史（上卷）［M］．北京：中国人民大学出版

社，1981.

[74] 陶国富，等．新时代大学生网络心理［M］．上海：立信会计出版社，2004．

[75] 王海明．新伦理学［M］．北京：商务印书馆，2001．

[76] 顾海根．新时代大学生因特网成瘾障碍研究［M］．合肥：中国科学技术大学出版社，2008．

[77] 冯鹏志．伸延的世界：网络化及其限制［M］．北京：北京出版社，1999．

[78] 李伦．鼠标下的德性［M］．南昌：江西人民出版社，2002．

[79] 刘开朝，等．网络时代的家庭教育［M］．北京：中央编译出版社，2006．

[80] 谢海光．互联网与思想政治工作实务［M］．上海：复旦大学出版社，2001．

[81] 严耕，陆俊，孙伟平．网络伦理［M］．北京：北京出版社，1998．

[82] 鲁洁，王逢贤．德育新论［M］．南京：江苏人民出版社，1994．

[83] 金钊，王政堂．新时期思想政治工作手册［M］．北京：人民日报出版社，2009．

[84] 宋元林．网络时代新时代大学生思想政治教育导论［M］．长沙：湖南人民出版社，2002．

[85] 朱贻庭．伦理学大辞典［M］．上海：上海辞书出版社，2002．

[86] 王如才．主体体验：创新教育的德育原理［M］．济南：山东教育出版社，2005．

[87] 张建松．发挥校园网络在思想政治工作下的作用［J］．军队政工理论研究，1999．

[88] 曾令辉，等．网络思想政治教育概论［M］．南宁：广西民族出版社，2002．

[89] 杨立英．网络思想政治教育论［M］．北京：人民出版社，2003．

[90] 李高海．新时代大学生网络思想政治教育研究［M］．北京：中

国言实出版社，2009.

［91］袁桂林. 当代西方道德教育理论［M］. 福州：福建教育出版社，2005.

［92］郑杭生. 社会学概论新修（第五版）［M］. 北京：中国人民大学出版社，2019.

［93］亚里士多德. 尼各马可伦理学［M］. 苗力田，译. 北京：中国社会科学出版社，1990.

［94］尼尔·巴雷特. 数字化犯罪［M］. 沈阳：辽宁教育出版社，1998.

［95］康德. 实践理性批判［M］. 北京：商务印书馆，1960.

［96］康德. 道德形而上学原理［M］. 苗力田，译. 上海：上海人民出版社，1986.

［97］马克·斯劳卡. 大冲突：赛博空间和高科技对现实的威胁［M］. 南京：江苏教育出版社，1999.

［98］TERRELL BYNUM. Ethics and the information Revolution in Richard A. Spinello, Herman T. Tavani. Readings in Cyberetics.［M］. Jones&Bartlett Pub，2001.

［99］尼采. 论道德的谱系［M］. 周红，译. 北京：生活·读书·新知三联书店，1992.

［100］R.T. 诺兰，等. 伦理学与现实生活［M］. 北京：华夏出版社，1988.

［101］尼采. 超善恶［M］. 张念东，凌素心，译. 北京：中央编译出版社，2000.

［102］尼采. 快乐的知识［M］. 黄明嘉，译. 北京：中央编译出版社，2005.

［103］尼采. 查拉图斯特拉如是说［M］. 张友谊，译. 北京：外文出版社，1998.

［104］弗洛伊德. 性学和爱情心理学［M］. 南昌：百花洲文艺出版社，1996.

［105］凯斯·桑斯坦．网络共和国：网络社会中的民主问题［M］．上海：上海人民出版社，2003．

［106］弗洛伊德．弗洛伊德后期著作选［M］．林尘，等，译．上海：上海译文出版社，1986．

［107］弗洛伊德．精神分析纲要［M］．刘福堂，等，译．合肥：安徽文艺出版社，1987：79．

［108］阿尔文·托夫勒．未来的冲击［M］．北京：新华出版社，1996．

［109］ERICH FROMM. You shall be as Gods［M］. London：Lowe & Brydone（printers）Limited，1967：55-56．

［110］迪尔克姆．道德教育［M］．上海：上海人民出版社，2006．

［111］李超民．大学生网瘾成因及防治方法体系研究［D］．长沙：中南大学，2012．

［112］李晓东．大学生网络交往动机与网络行为特点及关系［D］．上海：华东师范大学，2009．

［113］张琰焱．网络影响下的高等学校德育变革［D］．上海：华东师范大学，2002．

［114］彭跃辉．网络发展与精神文明［D］．北京：中央党校，2005．

［115］曾长秋，罗珍，朱林生．高等学校网络德育信息传播模式的优化及实现途径［J］．湖南文理学院学报（社会科学版），2005（1）：86-88．

［116］唐智松．网络文化中学生主体性的迷失与重塑［D］．重庆：西南师范大学，2004．

［117］杨礼富．网络社会的伦理问题探究［D］．苏州：苏州大学，2006．

［118］曾长秋，薄明华．网络思想政治教育学：从问题意识走向理论建构［J］．思想教育研究，2006（11）：7-11．

［119］崔子修．网络空间的社会哲学分析［D］．北京：中央党校，2004．

[120] 王中军. 网络文明建设中网民自律培育研究 [D]. 长沙:中南大学, 2010.

[121] 曾长秋, 薄明华. 论网络环境下大学生的思想政治教育 [J]. 零陵师范高等专科学校学报, 2001 (1): 115-117.

[122] 傅军. 倡导新时代大学生网络文明, 构建高等学校和谐校园 [D]. 长沙:湖南师范大学, 2007.

[123] 肖永梅. 论网络主体的道德自律 [D]. 成都:电子科技大学, 2005.

[124] 曾长秋, 汤长安. 论网络环境下中国先进文化的建设 [J]. 中南大学学报(社会科学版), 2005, 11 (1): 83-87.

[125] 高菊. 论和谐社会的网络文明 [J]. 社会主义研究, 2007 (1): 106-109.

[126] 高德菊. 网络道德建设中的自律问题研究 [D]. 济南:山东大学, 2007.

[127] 曾长秋. 高等学校"两课"网络教学体系的构建 [J]. 现代大学教育, 2004 (6): 92-94, 57.

[128] 薄明华. 论互联网时代高等学校思想政治教育的创新 [D]. 长沙:中南大学, 2005.

[129] 罗珍. 高等学校学生网络道德失范及其防治体系建构思考 [D]. 长沙:中南大学, 2005.

[130] 齐铁志. "慎独"与网络道德建设论析 [D]. 长春:东北师范大学, 2006.

[131] 曾长秋, 朱林生. 论高等学校网络德育信息资源的开发与利用 [J]. 大学教育科学, 2005 (2): 21-24.

[132] 孙伟平, 贾旭东. 关于"网络社会"的道德思考 [J]. 哲学研究, 1998 (8): 10-16.

[133] 张再兴. 我国高等学校网络思想教育的十年历程与发展 [J]. 思想教育研究, 2005 (7): 2-6.

[134] 宋希仁. "道德的基础是人类精神的自律"释义 [J]. 道德与

文明，2000（3）：4-7.

[135] 孙伟平. 网络伦理：机遇与挑战［J］. 中国应用伦理，2002.

[136] 杨传奇. 青少年网络道德问题及对策［J］. 当代教育科学，2004（7）：50-51.

[137] 周宏. 试论计算机网络的道德问题［J］. 道德与文明，2000（5）：31-33.

[138] 付珍. 慎独与新时代大学生网络道德教育［J］. 农村经济与科技，2018，29（15）：316-317.

[139] 张昌文. 论道德自律［J］. 贵州社会科学，1997（2）：6-10，20.

[140] 王逢贤. 价值取向多元化与学校德育对策的思考［J］. 中国教育学刊，1994（6）：9-12.

[141] 张建松. 发挥校园网络思想政治工作的作用［J］. 空军政治学院学报，1999（6）：70-71.

[142] 宋晔，赵丽萍. 后喻文化时代教师权威论［J］. 教育科学研究，2009（8）：14-17，32.

[143] 岳彩琴，焦玉珍. 慎独与青少年网络道德要求的契合［J］. 科技信息，2009（4）：365.

[144] 张世友. 传统"慎独"道德精神及其现实价值［J］. 齐鲁学刊，2004（5）：28-31.

[145] 王云幸，邵彩玲. 新时代大学生网络自律意识培育路径研究［J］. 开封文化艺术职业学院学报，2021，41（5）：142-144.

[146] 徐晓燕，程刚，王艳娟. 新媒体时代大学生网络自律意识的缺失及其培养路径［J］. 浙江理工大学学报（社会科学版），2016，36（6）：585-589.

[147] 严晶. 智能手机时代大学生网络自律意识培育研究［D］. 武汉：湖北工业大学，2016.

[148] 叶通贤，周鸿. 新时代大学生网络道德失范的行为及其对策研究［J］. 河北师范大学学报（教育科学版），2009（2）.

[149] 王成. 大学生网络自律意识调查分析：以内蒙古地区某高等学校为例 [J]. 内蒙古工业大学学报（社会科学版），2015，24（2）：5-8.

[150] 黄阳旸，孙耀胜. 大学生网络自律培育综合体系探究 [J]. 中国集体经济，2015（25）：101-102.

[151] 冯支越，彭雪松. 青年学生网络媒介素养培养路径研究 [J]. 思想教育研究，2012（11）：67-70.

[152] 薛善增，崔亚笛，陈建波，等. 当代大学生的网络自律意识问题与对策：以重庆科技学院为例 [J]. 重庆科技学院学报（社会科学版），2015（4）：111-113.

[153] 张付丽，戴莉. 培养大学生网络自律精神的思考：以高等学校辅导员工作为视角 [J]. 黑龙江生态工程职业学院学报，2014，27（3）：75-76.

[154] 范玉刚. 新媒体与网络空间的文化表达 [J]. 探索与争鸣，2012（3）：43-46.

[155] 艾素平. 移动互联网时代高职学生自律精神培育刍议 [J]. 学校党建与思想教育，2016（16）：71-72.

[156] 戴树根. 论网络环境下大学生自律意识的培养 [J]. 中南大学学报（社会科学版），2005，11（2）：261-264.

[157] 郭钟琪. 新媒体时代大学生网络空间行为引导策略论析 [J]. 学校党建与思想教育，2013（6）：61-63.

[158] 范松仁. 儒家"慎独"伦理精神与大学生网络道德自律的契合 [J]. 学校党建与思想教育，2005（5）：51-52.

[159] 叶定剑. 当代大学生网络素养核心构成及教育路径探究 [J]. 思想教育研究，2017（1）：97-100.

[160] 张彦. 论网络空间的精神治理与青少年网德教育 [J]. 思想理论教育，2007（7）：13-21.

索 引

B
必要性 …………………… 029

C
成因 ……………………… 058
耻感文化 ………………… 150

D
多元回归分析 …………… 089

G
概念 ……………………… 003
功能 ……………………… 003
固有弱性 ………………… 058

J
家庭教育 ………………… 077
结构 ……………………… 003

L
类型 ……………………… 009
量化分析 ………………… 081

P
培育 ……………………… 015

Q
青年 ……………………… 003

S
社会人口特征 …………… 085
社会引导 ………………… 076
社会引导路径 …………… 119
慎独意识 ………………… 151
思想基础 ………………… 015
思想政治教育 …………… 008

T
特征 ……………………… 003
同辈群体 ………………… 012

W
网络道德自律 …………… 005
网络环境 ………………… 007
网络技术 ………………… 067
网络交往自律 …………… 014
网络立法 ………………… 103
网络文化 ………………… 004
网络文明建设 …………… 005
网络宣传 ………………… 121
网络制度 ………………… 035
网络自律 ………………… 003

网络自律行为 …………… 006
网络自律意识教育 ………… 014

X

心理辅导 ………………… 122
新时代 …………………… 003
学校教育 ………………… 046

Y

意识 ……………………… 003

Z

责任意识 ………………… 029
制度规范路径 …………… 101
自我规矩 ………………… 148
自我内化路径 …………… 145

致　谢

　　拙著即将面世，在此谨向多年来给予笔者无私关怀与帮助的老师、朋友、同事与家人，表示衷心的感谢。

　　感谢笔者的导师陈成文教授。陈先生激情盎然的学术风范、旷达开明的处事风格、雷厉风行的工作作风、睿智渊博的学术思想，麾下弟子无不竞相以为范。陈先生严谨务实的治学态度、"宽严相济"的教学理念，让学生敬畏时时有自省，"惶恐"处处处获真谛。从主题思想的厘定、写作框架的构建到其圆满完成，陈先生付出了巨大心血。在本书的写作过程中，陈先生不辞劳苦，百忙中挤出时间修改斧正，高屋建瓴，学生受益匪浅。总之，本书的最终完成，字字句句都浸满了陈先生的汗水和心血。学生没齿难忘！

　　感谢另一位师长吴新颖教授。吴先生宽厚仁慈的儒者心态、耐心细致的敬业精神、精益求精的学术思想、诲人不倦的师长风范、深厚渊博的专业学识、含蓄适时的授业风格，将永远垂范于学生今后的人生道路！

　　感谢人品、学品兼优的学界泰斗秦在东教授。秦教授深邃的思想、渊博的学识、独特的授学风格、严谨的治学作风、为人的智慧格局与处事风格，是笔者终生的典范。

　　衷心感谢湖南大学的高中教授、陈宇祥教授，河南大学的凌文豪教授，河南财经政法大学的王利军教授、赵增彦教授，信阳师范学院的李俊教授、门献敏教授、河南工业职业技术学院李荣胜教授及司楠教授等不遗余力的学术关怀与帮助。感谢谭日辉、黄诚、高晓枚、廖文、缪中东、王涛、闻胜利、邵开平、汪学宝、李庆银等同门及朋友的支持与鼓励。

　　感谢河南财经政法大学网络信息服务中心的王昱光书记与郭清溥主任两位兄长对笔者工作的支持。

本书得以正式出版，还要感谢中国经济出版社编辑老师的鼎力帮助，在此表示最诚挚的谢意。

最后，笔者要向家人表达最深切的谢意。拙著的顺利付梓离不开老母亲的细心操劳，儿女年幼，琐事甚多，正是老人家的无私奉献，让笔者得以安心治学。在撰写全书的过程中，笔者的爱人陈甜给予了极大的支持与关爱，对此由衷地表达感谢。感谢笔者11岁的女儿秦誉恩和5岁的儿子秦彰泽，正是他们天使般的童言童趣与"少年不知愁滋味"的懵懂妙趣，为笔者的科研生活注入活力。

笔者常以"梅花香自苦寒来"自勉，望在崎岖不平的学术道路上锐意进取，"俏也不争春，只把春来报"，无悔今生！追求梦想的道路上不只是晴空万里，但明确的目标一定会带来丰富的人生。

秦继伟

2022年春于河南财经政法大学